여성
권리
선언

DÉCLARATION DES DROITS DES FEMMES ILLUSTRÉE
Authur: Gérald Guerlais
ⓒ 2017, Hachette Livre-Editions du Chêne, All rights reserved.

Korean translation ⓒ MUNHAKDONGNE, 2019

This Korean edition was published by arrangement with Editions du Chêne
through Sibylle Books Literary Agency, Seoul

이 책의 한국어판 저작권은 시빌에이전시를 통해
프랑스 Editions du Chêne 사와 독점계약한 문학동네에 있습니다.
저작권법에 의해 한국 내에서 보호를 받는 저작물이므로 무단 전재 및 무단 복제를 금합니다.

이 도서의 국립중앙도서관 출판예정도서목록(CIP)은 서지정보유통지원시스템
홈페이지(http://seoji.nl.go.kr)와 국가자료공동목록시스템(http://www.nl.go.kr/kolisnet)에서
이용하실 수 있습니다.(CIP제어번호: CIP2019008291)

여성 권리 선언

제랄드 게를레 외 그림

김두리 옮김

유엔 여성 차별 철폐 선언
여성과 여성 시민의 권리 선언

문학동네

일러두기

1. 본문의 각주는 모두 옮긴이 주다.

2. 원서에서 이탤릭으로 강조된 부분은 고딕으로 표기했다.

3. 단행본, 잡지는 『 』로, 기사, 선언문은 「 」로, 일간지와 노래 제목은 < >로 표기했다.

차 례

「유엔 여성 차별 철폐 선언」 ___8

전문
조항

올랭프 드 구주의
「여성과 여성 시민의 권리 선언」 ___53

전문
조항
후문

참고 자료 ___135
일러스트 작가 소개 ___140

「유엔 여성 차별 철폐 선언」

전 문

(1967년 11월 7일 유엔총회가 선포한 선언)

유엔총회는 연합국의 국민들이 유엔헌장에서 기본적 인권,
인간의 존엄과 가치 및 남녀평등권에 대한 그들의 신뢰를
재확인하였음에 유의하고,

「세계인권선언」이 차별이 허용될 수 없다는 원칙을 확인하며,
모든 인간이 자유롭게 그리고 존엄과 권리에 있어 평등하게 태어나고
성에 기인한 차별을 포함하여 어떠한 차별도 받지 않고
동 선언에 규정된 모든 권리와 자유를 누릴 권리가 있다고
선포함에 유의하고,

유엔 및 전문 기구들이 모든 형태의 차별을 근절하고
남녀 권리의 평등을 촉진하기 위하여 채택한
결의안과 선언문, 협약, 권고를 고려하고,

「유엔헌장」과 「세계인권선언」 「국제인권규약」,
그 외, 유엔 및 전문 기구들의 조약에도 불구하고
그리고 남녀 권리의 평등에 있어서 이룩한 진전에도 불구하고
여성에 대한 광범위한 차별이 계속됨을 우려하고,

여성에 대한 차별이
인간의 존엄성 및 가정과 사회의 번영과 양립 불가하고
여성이 남성과 동등한 조건하에 국가의 정치적, 사회적,
경제적 및 문화적 생활에 참여하는 일을 가로막아
여성이 최대한 잠재력을 발휘하여 그들의 국가와 인류에
봉사하는 일을 어렵게 함을 유의하고,

사회, 정치, 경제, 문화생활에 있어서 여성의 지대한 공헌, 그리고
가정에서 특히 자녀 양육에서 여성의 중요한 역할을 인식하고,

국가의 완전한 발전과 인류의 복지 및 평화를 위하여
여성이 모든 분야에 남성과 평등한 조건으로
최대한 참여해야 함을 확신하고,

남녀평등 원칙이 법률상에서 그리고 실생활에서
보편적으로 인정될 필요가 있음에 유의하면서,

본 선언을 공식적으로 선포한다.

여성에 대한 차별은

여성과 남성의 권리 평등을

부정하거나 제한하므로

근본적으로 부당하고

인간 존엄성을 해치는 행위이다.

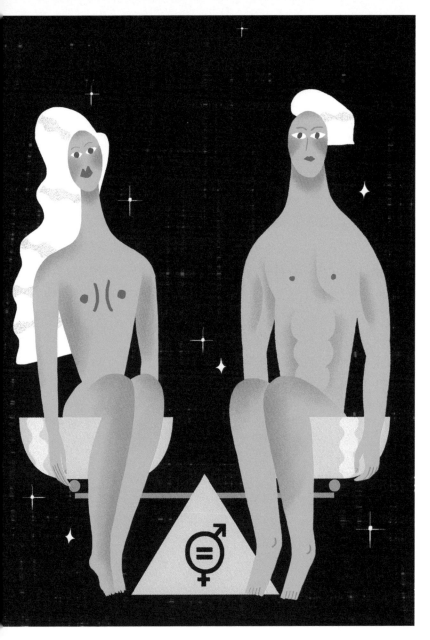

일러스트 아멜리 팔리에르

단순히 여자로 태어났다는 이유만으로 아이에게 음식을 주지 않거나 아이를 익사시키거나 질식시키거나 척추뼈를 부러뜨리는 행위는 인권 침해입니다. 여성들과 여자아이들을 인간의 탐욕 때문에 매춘의 노예로 파는 행위 역시 인권 침해입니다. 이러한 관행을 정당화했던 그 어떤 이유도 더 이상 용납될 수 없습니다. 지참금이 지나치게 적다며 여성에게 휘발유를 끼얹어 그들을 불태워 죽이는 행위도 인권 침해입니다. 개별 여성들이 자기네 공동체에서 강간당하고, 수천 명의 여성들이 전쟁에서 전술로 이용되는 강간에 시달리거나 전리품으로 강간당하는 상황 또한 인권 침해입니다. 전 세계적으로 14세 이상 44세 이하 여성들의 주된 사망 원인이 그들 가정에서 발생한, 가족 구성원에 의한 폭력이라는 현실도 인권 침해입니다. 소녀들에게 할례라는 고통스럽고 치욕적인 시술을 자행하는 현실도 인권 침해입니다. 여성의 뜻에 반하는 낙태나 불임 수술을 강요할 뿐 아니라 여성이 가족계획을 할 권리를 부인하는 것 역시 인권 침해입니다. 이 회의에서 울려퍼지는 단 하나의 메시지가 있다면, 그것은 바로 인권이 여성의 권리이고 여성의 권리가 곧 인권이라는 메시지입니다.

_힐러리 클린턴,
유엔 제4차 세계여성회의 총회 연설에서, 중국 베이징, 1995년 9월 5일

남녀평등이 보편적으로 인정받지 못하고 구체적으로 실현되지 않는 한, 여성이 남성과 동등하게 행동하기는 지극히 어렵다.

_시몬 드 보부아르,
『제2의 성』

성차별은 인종차별보다 더욱 뿌리깊고 보다 고질적이다.

_브누아트 그루,
『그녀의 뜻이 이루어질지어다』

여자를 업신여기면서 자기 운명을 향해 나아간다고 믿는 남자는 사려 깊지 못해서 착오를 저지르기 쉽고, 오판으로 잘못된 결정을 내리는가 하면, 만용을 부리다 실패를 자초할 따름이야…… 물론 여자가 다는 아니지만, 전부 여자에게 달려 있어…… 주위를 둘러봐, 역사를 살펴봐, 온 인류를 떠올려봐. 그리고 여자들이 없으면 남자들이 어떤 존재인지, 그들이 여자들을 찬양하지 않으면 무엇을 바라고 기도할지 이야기해봐…… 우리가 크로이소스왕처럼 부유하건 욥처럼 가난하건, 압제를 당하건 폭압을 저지르건 간에 여자가 우리에게 등을 돌리면 어떤 지평도 우리 눈앞에 광활하게 펼쳐지지 않을 거야.

_야스미나 카드라,
『낮이 밤으로부터 진 빚』

여성에 대한 차별을 구성하는 현행 법률,

관습, 규칙 및 관행을 폐지하고,

남녀평등권을 위한 적합한 법적 보호를

확보하기 위하여 모든 적절한 조치를 취해야 하며,

특히 다음의 조치를 이행해야 한다.

(가) 권리 평등의 원칙이 헌법에 포함되거나

기타 입법으로 보장되어야 한다.

(나) 유엔 및 전문 기구들의

여성 차별 철폐와 관련한 국제 조약들이

가능한 한 조속한 시일 내에 비준 또는 가입으로

채택되고, 완전히 시행되어야 한다.

일러스트 세바스티앵 무랭

남성과 시민들이여, 우리는 기고만장하게 다음과 같이 누차 말해왔다. 18세기에는 남성의 권리가 선언되었고, 19세기에는 여성의 권리가 선언될 것이다. 그러나 시민들이여, 우리가 결코 서두르지 않았다는 사실을 시인해야만 한다. 심각하고—나도 이 점에 동의한다—신중한 숙고를 요했던 수많은 고찰이 우리를 가로막았다. 그리고 내가 말을 하는 이 순간에도, 진전이 이루어진 바로 이 상황에서조차도, 최고의 공화주의자들과 가장 참되고 순수한 민주주의자들 중에서 훌륭한 지성인들의 대다수가 남성과 여성이 지닌 인간 영혼의 평등함을 받아들이기를 여전히 주저한다. 그리하여 남녀의 시민권이 완전히 동등하지 않다면 유사하다는 사실을 인정하기를 아직도 망설인다.

_빅토르 위고,

'루이즈 쥘리앵의 무덤에서. 생장 묘지에서의 추도사•, 저지섬, 1853년 7월 26일

남성이 우월하다는 오만한 선입관에 맞서 여성의 대의를 옹호하는 남성 중 대부분이 여성에게 그 우월성을 되돌려줌으로써 여성에게 전체적인 변화를 가져다줄 것이다. 극단적인 것이라면 뭐든 피하는 나로서는 여성이 남성과 동등하다는 사실에 만족한다. 자연은, 이 점에 있어서도, 우월함과 열등함 모두와 반대된다.

_마리 드 구르네,
『남녀평등』

• 나폴레옹 3세가 1851년 12월에 쿠데타를 일으키고, 이듬해 국민투표를 통해 황제로 즉위하여 제2제정을 수립한다. 공화정 체제가 붕괴되고서 약 이만육천 명의 프랑스인들이 체포되고 만여 명이 국외로 추방되었다. 빅토르 위고 역시 나폴레옹 3세의 쿠데타에 반대하여 영국령 저지섬에서 망명생활을 했으며, 그가 저지섬으로 추방되어 사망한 가수 루이즈 쥘리앵의 추도사를 맡았다.

여성들의 완전한 평등을 인정하는 일은 문명의 가장 확실한 증거일 터이다. 그리고 이로써 인류의 지적 능력과 인류가 행복을 누릴 기회는 두 배 증가될 것이다.

_스탕달,
『로마, 나폴리, 피렌체』

뭐라고요! 여자들이 남자들과 똑같은 열정과 똑같은 욕구를 가지고, 남자들과 똑같은 물리법칙을 따르면서, 본능을 억누르고 통제하는 데 필요한 판단력을 갖추고 있지는 않을 거라고요? 여자들에게 남자들만큼이나 버거운 의무를 지우고, 남자들과 똑같이 엄격한 윤리적, 사회적 법칙을 따르게 하면 여자들이 남자들처럼 전적 자유의지와 교육에 적합한 명료한 이성을 갖추지 못할까요? 여기에는 신과 남자들의 책임이 있을 겁니다. 말하자면 그들은 죄를 짓는 셈인데, 실질적이고 완전하게 존재할 수 없는 종種을 세상에 두고 묵인하기 때문에 그렇습니다. 만일 여성이 남성보다 열등하다면, 여성을 그들의 모든 속박에서 벗어나게 하고, 여성에게 더이상 정숙한 사랑도 합법적인 모성도 강요하지 맙시다. 아예 여성의 생명과 재산의 안전을 지키는 법률을 폐지하는 건 어떻습니까? 절차 따위 밟지 않고 여성에게 적개심을 가집시다. 여성들이 법을 만든 사람들만큼 그 목적과 정신을 오롯이 헤아릴 수 없다면 그것은 엉터리 법률일 터이니 가축들에게 인간의 법규를 부과하지 못할 이유가 뭐 있겠습니까.

_조르주 상드,
「마르시에게 보내는 여섯번째 편지」, 〈르 몽드〉, 1837년 3월 27일

여론을 교육하기 위하여,

여성이 열등하다는 사고에 근거한

편견을 불식하고

관습 및 다른 모든 관행들을 근절하려는

국가적 염원을 고취하기 위하여

모든 적절한 조치를 취해야 한다.

일러스트 셸린 고비네

여성이 존중받으면서 산책을 하거나 일을 하지 못하는 한, 여성 개인의 정신적 혹은 육체적 공간을 은연중에도 늘 배려하지 않고, 휘파람을 불거나 부적절한 발언을 내뱉는 등의 행동은 규탄받아 마땅하다.

_나타샤 앙리,
『아둔한 남자들 혹은 음흉한 부권주의』

이곳에서 여자로 산다는 것은 치유할 수 없는 벌어진 상처를 안고 산다는 뜻이란다. 흉터가 생긴다 해도, 그 밑은 언제까지나 곪아들어가지.

_토니 모리슨,
『자비』

어느 페미니스트 인류학자가 동물계에서의 강간 행태 연구에 대해 들려주었다. 그녀의 말에 따르면, 침팬지와 비슷한 영장류인 보노보를 제외한 거의 모든 종에서 강간 행태가 존재했다. 어느 시점에서 암컷 보노보들은 더 이상 성적인 폭력 행위를 용납하지 않기로 결정했다. 그래서 어떤 수컷 보노보가 한 암컷 보노보를 공격했을 때, 그 암컷 보노보가 소리를 내질러 다른 암컷 보노보들의 관심을 끌었다. 그러자 다른 암컷 보노보들이 하던 일을 중단하고 모두 소리가 나는 곳으로 몰려가서 다 같이 문제의 수컷에게 달려들어 그의 사지를 갈기갈기 찢어놓았다. (…) 왜 여자들은 이렇게 행동할 수 없었을까?

_J. 코트니 설리반,
『입문』

투옥이 전형적인 형벌로 부상한 18세기 말부터, 형을 선고받은 여성들은 그들과 비슷한 부류의 남성들과 본질적으로 다르게 간주되었다. 물론, 법의 처벌을 받을 만한 범죄를 저지른 남성에게는 사회의 일탈자라는 딱지가 붙었다. 그럼에도 불구하고, 남성의 범죄는 늘 여성의 범죄보다 '예사롭게' 여겨졌다. 자신의 죄과로 인해 국가로부터 공적 제재를 받는 여성들은 항상 그들과 동일한 부류의 많은 남성들보다 더 비정상적이고 훨씬 사회에 위협적인 인물로 간주되었다.

수감자들의 성별에 따른 이러한 인식 차이를 이해하고자 할 때, 감옥이 형벌의 전형으로 부상하고 발전했음에도 여성들은 그 자체로 인정받지 못하는 방식의 처벌을 오랫동안 받아왔음을 유념해야 한다. 예를 들자면 여성들은 감옥에 보내지기보다 정신병원에 더 자주 갔혔다.

_앤절라 데이비스,
『감옥은 구시대적인가?』

여성에게 남성과 동등한 조건으로

어떠한 차별 없이

다음의 권리를 보장하기 위하여

모든 적절한 조치를 취해야 한다.

(가) 선거에서의 투표권 및 선거에 의해

선출되는 모든 공공 기구에의 피선거권

(나) 모든 국민투표에서의 투표권

(다) 공직에 봉직할 권리와

모든 공공 직능을 수행할 권리

이러한 권리는 입법으로 보장되어야 한다.

일러스트 에릭 고슬레

말하기 고통스럽지만, 오늘날 문명에는 노예가 있습니다. 법률에서는 완곡하게 표현하지요. 이를테면 내가 노예라고 말하는 것을 법률에선 소수자라고 일컫습니다. 법률에서 지칭하는 그 소수자란 현실에서의 노예인데 그게 바로 여자입니다. 인간의 양심에 있어서 법의 두 저울판의 평형은 중요하지만 남자들이 그 저울판에 법을 불균형하게 올렸습니다. 남자는 자기 쪽에는 모든 권리를, 여자 쪽에는 모든 의무를 놓았습니다. 그로 인해 뿌리깊은 불화가 생겼습니다. 그로 인해 여성이 예속되었습니다. 현재 법률상 여자는 소유권도 없고, 소송을 제기할 수도 없고, 투표할 수도 없고, 고려되지도 않으며, 존재하지도 않습니다. 남자 시민만 있을 뿐 여자 시민은 없습니다. 이러한 상황은 일종의 폭력이고, 반드시 멈춰야 합니다.

_**빅토르 위고,**
'레옹 리셰에게 보내는 편지'•, 1872년 6월 8일

여자들이 참정권을 가질 때, 다시 말해서 여자들이 남자들과 마찬가지로 평화와 전쟁을 결정할 수 있을 때, 자식을 낳을 것입니다.

_**마르그리트 뒤랑,**
여성의 투표에 관한 회의록에서, 연도 미상〔1927〕

• 빅토르 위고는 19세기 여성들이 처한 부당한 상황에 대해 목소리를 높인 소수의 남성이었다. 프랑스의 자유사상가이자 페미니스트였던 레옹 리셰는 1882년에 '여성 권리를 위한 프랑스 연맹'을 설립하며 명예 회장으로 빅토르 위고를 추대하기도 했다. 위고는 '레옹 리셰에게 보내는 편지'에서 그 시대의 자유사상가들이 이끌었던 페미니스트 투쟁에 지지를 보냈다.

남자들이 적이 아닙니다. 적은 가부장제라는 개념이죠. 세상을 지배하거
나 무언가를 하는 방법으로서 작동하는 가부장제란 개념 말입니다.

_**토니 모리슨,**
『대담들』

글을 읽지도 쓰지도 못하는 이 일자무식이, 자기 오른발과 왼발을 구분
못해서 군대 상관의 명령으로 전투화에 짚과 건초를 각기 달리 채워넣고
서야 "짚! 건초!…… 짚! 건초!"라는 구령에 맞춰 두 발을 내딛게 된 이 무
식쟁이가 바로 유권자다. 분별없이, 무자비하게, 손해 따위는 안중에도 없
고 자기 말을 채찍질하여 때려죽이는 이 미련퉁이, 불평등과 고통을 마구
잡이로 나누어주는 이 미련한 자가 유권자다…… 새벽부터 황혼까지 밤
낮 술을 마셔대는 이 주정뱅이가, 첫잔의 바닥에 제 이성을 비우고 술에
절어 딸꾹거리며 침을 질질 흘려대는 이 사람 탈을 쓴 자가, 정신을 못 차
리고 때로는 이 벽 저 벽에 몸을 부딪치고 때로는 자기 배설물 속에서 나
뒹구는 이 주정뱅이가 바로 유권자다…… 다시 말하자면, 유권자는 처가
먹여 살리는 게으름뱅이, 딸에게 얹혀사는 무뢰한, 추잡하고 방탕한 생활
로 닳아빠진 꼬락서니의 노망난 늙은이, 반미치광이, 다 나았다고 우기는
미치광이다. 요컨대 유권자는 덜떨어진, 세상의 주인이다! 그러나 여성은
이 모든 사람들보다도 열등하다고 여겨지면서 납세자라는 역할만 부여
받는다. 납세가 여성의 유일한 의무이고 침묵이 여성의 유일한 권리이다.

_**카롤린 레미(필명 세브린),**
주간지 『르 프로그레 드 벨아베스』에 기자 레옹 오프랑이 인용. 1910년 5월 25일

여성은 국적의 취득, 변경

또는 보유에 있어서

남성과 동등한 권리를 가져야 한다.

외국인과의 결혼으로

처가 무국적자가 되거나

부의 국적이 처에게 강제됨으로써

처의 국적이 자동적으로

변경되어서는 안 된다.

일러스트 **나탈리 라공데**

이런 게 결혼이라고 생각하다니, 부끄러운 줄 아세요! 아내가 무슨 남편의 소유물인가요? 아내는 자기 진짜 이름을 사용할 권리조차 없잖아요! 이마에 시뻘겋게 달군 쇠로 남편의 소유물이라고 낙인을 찍은 채 살아야 하죠! 가축같이 말이죠!

_**알베르 코엔**,
『주군의 여인』

나는 아내가 남편의 노예가 아니라 남편의 동반자이자 배우자로서, 남편과 마찬가지로 자유롭게 자기 길을 선택하면서 모든 기쁨과 고통을 함께 나누는 동등한 파트너라는 사실을 깨달았다.

_**마하트마 간디**,
『모두가 형제다』

남자는 자신의 동반자를 모욕하는 유일한 동물이다.

_**루도비코 아리오스토**,
『광란의 오를란도』

첫째, 약한 성을 강한 성에 복속시키는 현체제에 대한 지지는 단지 이론을 근거로 할 뿐이다. 그 밖에 다른 양상은 결코 시험한 적 없기에 통속적으로 이론과 반대되는 경험을 표명한다고 주장할 수 없다. 둘째, 그렇다고 해서 이런 불평등한 제도가 결코 심사숙고한 결과라거나 선견지명의 성과도 아니었으며, 인류의 행복을 보장해준다든지 사회질서를 바로잡아주는 어떤 사회적 사상이나 개념의 소산도 아니었다. 그저 인류 사회의 여명기에서 가장 이른 시기부터 남성이 여성을 소유하는 데 관심이 있었을 뿐 아니라 여성이 남성보다 힘이 약하기 때문에 모든 여성이 몇몇 남성들에게 속박되었다는 사실에서 비롯된 일이었다. 법과 정치 체제는 언제나 기존의 개인 관계를 인정하는 데서 시작한다. 처음에는 그저 물리적인 사실이었던 것이 법적 권리로 전환돼 여기에 사회적 구속력이 부여되고, 이 권리들을 확립하고 보호하는 공적이고 조직적인 수단들이 마련됨으로써, 무질서하고 통제되지 않는 물리적 힘 대신 사회적 힘으로 권리가 뒷받침되고 보호된다. 이미 복종할 수밖에 없었던 개인들은 이런 식으로 합법적으로 지배받게 된다.

_존 스튜어트 밀,
『여성의 종속』

제 6 조

1. 모든 사회의 기본 단위로 존속하는 가족의 통합 및 화합의 보호를 침해하지 않으면서, 민법 분야에서 기혼 또는 미혼의 여성에게 남성과 동등한 평등권을 보장하고, 특히 다음의 권리를 보장하기 위하여 입법을 비롯한 모든 적절한 조치를 취해야 한다.
(가) 혼인중 취득한 재산을 포함한 재산의 취득, 관리, 향유, 처분 및 상속에 관한 권리
(나) 법적 능력 및 동 능력을 행사할 권리
(다) 사람의 이전에 관한 법에 있어서 남성과 동일한 권리

2. 남편과 아내의 평등한 지위를 확립하기 위하여 모든 적절한 조치를 취해야 하며 특히 다음의 조치를 이행해야 한다.
(가) 여성은 남성과 마찬가지로 자유로이 배우자를 선택하고 여성의 자유롭고 완전한 동의에 의해서만 혼인을 할 권리를 가져야 한다.
(나) 여성은 혼인생활을 하는 동안 그리고 혼인을 해소할 때 남성과 동일한 권리를 가져야 한다.
모든 경우에 있어서 자녀의 이익이 최우선적으로 고려되어야 한다.
(다) 부모는 자녀에 대하여 동일한 권리와 의무를 가져야 한다.
모든 경우에 있어서 자녀의 이익이 최우선적으로 고려되어야 한다.

3. 아동의 혼인과 사춘기에 이르지 않은 여자아이들의 약혼을 금지해야 하고, 혼인을 위한 최저 연령을 정하고 공공 등기소에서 혼인 등록을 의무화하기 위하여 입법을 비롯한 모든 효과적인 조치를 취해야 한다.

일러스트 폴 에슈구아앵

문명화된 유럽에서 노예제는 사라졌다고 사람들은 말할 것이다. 실제로 공공장소에서 더이상 노예시장은 열리지 않는다. 그러나 가장 선진화된 국가라 하여도 한 곳도 빠짐없이 수많은 계층의 사람들이 법의 압제 때문에 고통받는다. 러시아의 소작농들, 로마의 유대인들, 영국의 선원들, 그리고 전 세계의 여성들이 여기에 해당된다. 그렇다, 결혼 성립의 필수 요소인 상호 동의의 중단만으로 결혼생활을 끝낼 수 없는 곳이라면 어디서든 여성은 노예상태다. 당사자 둘 중 하나가 의사를 표현하여 이뤄지는 이혼만이 여성을 완전히 해방시킬 수 있고, 적어도 민법상에서 여성을 남성과 동등하게 만든다.

_플로라 트리스탕,
『어느 파리아의 편력』

신부님께 제 대담한 생각을 한마디로 말씀드리자면, 결혼중에 이혼을 요구해야 합니다. 남녀의 결합을 방해하는 극심한 부당함, 끝없는 고통, 치유할 길 없는 격정을 해결할 방법을 강구해봤지만, 결혼을 끝내고 재혼을 하는 자유 말고는 도리가 없는 듯합니다. 저는 현재 시행중인 법적 별거를 위해 요구되는 여느 이유들보다 별것 아닌 이유로 가볍게 이혼을 해야 한다고는 생각하지 않습니다.

저로서는 재혼보다 지하 감옥에서 여생을 보내는 편이 나을 듯싶지만, 감정이 과거의 민법도 종교법도 통제할 수 없을 만큼 변치 않고 가히 절대적이라는 사실을 잘 압니다. 인류의 지능이 향상되고 정교해짐에 따라, 감정들은 더욱 강해지고 가치 있어진다는 사실을 명심해야 합니다.

_조르주 상드,
'라므네 신부에게 보내는 편지', 프랑스 노앙, 1837년 2월 28일

근대의 개별 가족은 여성의 공공연한 혹은 은폐된 가내 노예제를 근간으로 하며, 근대 사회는 분자가 집합체를 구성하듯이 개별 가족으로 구성된 하나의 집단이다. 오늘날 남편들은 대부분, 적어도 부르주아 계급에 속하는 한, 가족을 부양하고 가족을 먹여 살려야만 한다. 이로 인해 어떠한 법률상의 특권도 뒷받침될 필요 없는 최고의 권한이 그에게 부여된다. 가정에서 남편은 부르주아고, 아내는 프롤레타리아다. 그러나 산업 분야에서는, 자본가 계급의 모든 법률상 특권이 없어지고 두 계급 간 법률상 완전한 평등이 확립되고서야 비로소 프롤레타리아를 짓누르는 경제적 억압의 특성이 확실해진다. 민주주의 공화국이라고 해서 두 계급 간 반목이 해소되는 것은 아니다. 그들의 투쟁이 결판날 때까지 싸울 수 있는 터전을 제공한다. 그리고 이와 마찬가지로 부부가 법률상 완전히 동등해졌을 때에야 비로소 근대 가족에서 아내에 대한 남편의 지배적인 특징과 부부 간의 진정한 사회적 평등을 확립할 필요성 및 그 방법 역시 명백해질 것이다. 그제야 모든 여성의 공공 산업 복귀가 여성 해방의 최우선 조건이며, 그러려면 개별 가족이 더이상 사회의 경제 단위가 아니어야 한다는 사실이 분명해질 것이다.

_프리드리히 엥겔스,
『가족, 사유재산, 국가의 기원』

여성에 대한 차별을 구성하는

모든 형사법 규정을 폐지해야 한다.

일러스트 다프네 옹

여성들은 무엇을 원하는가? 여성들이 원하는 바는 지극히 단순하다. 여성들은 사회가 생겨났을 때부터 모든 피압제자와 피정복자가 원했던 것을, 즉 그들의 권리와 자유에 대한 공정한 몫을 원할 뿐이다. (…) 지도자들의 아량에서 어떠한 보장도 받지 못한 민중은 권리를 원했다. 그것이 바로 여성들이 원하는 바이다.

혹자는 여성들의 권리 주장이 늦었다고 단언하면서 다음과 같이 반박한다. 여성들의 사회적 열세가 이토록 오래 지속되었다면, 더 오래 지속되어서는 안 될 이유가 뭔가? 어떠한 발전도 즉각적으로 일어나지 않는다. 단어 자체가 이를 암시한다. 민중은 자유를 쟁취하기 위해 육천 년 이상 싸우고, 투쟁하고, 논쟁해왔지만, 여전히 해야 할 일이 수두룩하다. 전통의 기반이 무너진 순간에야 겨우 민중은 비판의식을 가졌고 그들의 진가가 인정되었던 그 순간에야 비로소 절대권력의 합법성에 의문을 품었다. 그제서야 민중은 소위 신의 대리인이라는 이들을 멸시하게 되었고, 자신들이 누군가에게 복종하고 예속되기 위해 태어났다는 믿음을 버리게 되었다. 그렇게 민중에게 일어났던 일들이 지금 여성들에게 벌어지고 있다. 일단 전통에 의구심을 갖자 여성은 지체 없이 멍에를 떨쳤다. 사실 여성이 자신이 저질렀다고 거의 기억하지도 못하는 잘못에 대한 처벌을 감내해온 건 신념 때문이다. 여성들은 자신이 죄를 지었다고 믿었을 뿐 무능하지는 않았다. 언젠가 신의 영광으로 빛날 날을 기다리며 복종과 굴욕을 감내해왔다.

이제 여성은, 허락 없이 사과 하나를 베어물고 가장 고귀한 욕망인 지혜를 탐했다는 이유만으로 수백 년 동안 자신과 자신의 후손이 학대받아 마땅하다는 믿음을 거부한다. 이것이 바로 사상의 진보다.

_마리아 드레슴,
「여성들이 원하는 것」, 프랑스 페미니스트 일간지 〈여성의 권리〉 창간호, 1869년 4월 10일

우리는 인류의 절반인 여성을 해방시켜서, 그들이 인류의 나머지 절반을 해방시킬 수 있도록 해야만 한다.

_에멀린 팽크허스트,
「유엔 인간개발보고서」, 유엔개발계획, 2013년

「세계인권선언」의 선포로부터 이백 년이 지났음에도 불구하고, 우리는 선언이 전 인류에 적용되게끔 계속 싸워나가야 한다.

_브누아트 그루,
『그녀의 뜻이 이루어질지어다』

이제, 우리가 여성들이 어디에 있든 그들의 출신이나 피부색에 상관없이 모든 여성의 권리를 위해 투쟁하는 좌파 여성으로서, 의식의 자유를 보장하기 위하여 그리고 집단주의적 법률과 법칙이 가부장제를 원상태로 되돌리지 못하게 막기 위하여 법률이 시행되어야 함을 항상 유념하면서, 다함께 힘을 모아 페미니즘에 그 진정한 토대와 보편적 소명을 되찾아줘야 한다.

_알제리-이란의 세속적 페미니스트 연합,
우리 페미니스트 동지들에게 보내는 공개서한, 2016년

여성에 대한

모든 형태의 인신매매 및

매춘에 의한 착취를 근절하기 위하여

입법을 포함한

모든 적절한 조치를 취해야 한다.

일러스트 카를로스 펠리페 레온

자본 상속자들이 양육되는 부르주아 가문의 보전을 위하여 여성의 몸을 사고파는 일이 조장되나, 이는 '공적인 도덕률' 관점에서 가차없이 맹렬하게 비난받는 행위이다. 부르주아 사회는 자기들 딴에 '높은 도덕적 순결성'이라는 평판을 유지하기 위해서, 매춘부들이 자기네 탁월한 미덕을 유린한다고 득달같이 비난하며, 갖은 수단을 동원하여 이미 불행할 대로 불행해진 저 기구한 '악의 여사제'들의 삶을 파탄내고야 만다.

_**알렉산드라 콜론타이**,
「매춘 문제」『사회주의 투쟁』

서민들의 어여쁜 딸들이 거리에서, 도로변의 쇼윈도에서 팔려나갈 때, 부자들의 딸들은 혼인 지참금에 팔려나가는 그런 시장이 있지 않은가? 전자의 경우, 그 딸아이를 원하는 자가 그 딸을 차지하지만, 후자의 경우 가족이 바라는 자가 그 딸아이를 차지한다. 이러나저러나 매춘인 것은 매한가지다.

_**루이즈 미셸**,
『루이즈 미셸이 쓴 루이즈 미셸의 회고록』

우리의 이기적인 관점으로 보더라도, 여성의 고통으로 남성의 행복이 실현되기는 어렵습니다.

_빅토르 위고,
'레옹 리셰에게 보내는 편지', 1872년 6월 8일

그들에게 간통은 살인보다 더 끔찍한 행위다. 그러나 모든 간통이 그런 것은 아니다. 남성이 저지르는 간통은 처벌조차 받지 않는다. 반면 여성의 간통은 세상의 종말로 여겨진다.

_제밀라 벤하비브,
『서양을 공격하는 '알라의 전사들'』

남자들은 그들의 아내―의무, 모성, 앙젤리슴(천사주의)•, 두통거리―와 다른 여자들―쾌락, 매춘부, 지옥살이, 미스터리 등―사이를 기막히게 구분 지어놓고 그 관점을 고수한다.

_프랑수아즈 지루,
『내가 거짓을 말한다면』

• angélisme. 정신과 육체를 분리한 데카르트 철학을 비판하기 위해 프랑스 철학자 자크 마리탱이 사용한 개념. 인간을 천사와 같다고 간주하며, 정절, 순결을 위해 육체적인 면을 경시하고 영적인 부분을 중시한다.

제 9 조

소녀들, 그리고 기혼 혹은 미혼 여성들에게
모든 수준의 교육 분야에서 남성과 동등한 권리를
보장하기 위하여 모든 적절한 조치를 취해야 하며,
특히 다음의 조치를 이행해야 한다.

(가) 대학교, 전문교육 및 기술교육 기관을 포함하여
각종 교육 기관에서의 혜택 및
학업에 있어서 동등한 조건

(나) 동일한 교과과정과 동일한 시험 선택권,
동일 수준의 자격 요건을 가진 교수진,
남녀공학 여부를 떠나 동질의 학교 건물 및 장비의 수혜

(다) 장학금과 기타 연구 장려금의 혜택을
받을 수 있는 동일한 기회

(라) 성인용 교과과정을 포함한
계속교육과정의 혜택을 받을 수 있는 동일한 기회

(마) 가족의 건강과 복지를 확보하는 데
도움을 주는 교육 정보의 수혜

일러스트 상드린 한 진 광

교육은 여성에게나 남성에게나 동일해야 한다. (…) 사실, 모든 교육은 진리를 밝히고 진리를 입증하기 위해서 고안되었으니 진리를 가려내거나 진리를 입증하는 데 왜 성별의 차이가 필요한지 알 수 없다.

_니콜라 드 콩도르세,
『공교육에 관한 다섯 편의 논고』

분명코 섹슈얼리티와 지성을 겸비한 완벽한 여자는 받아들이기 힘들다.

_에리카 종,
소피 란과의 대담에서, 1978년 7~8월

평등권, 남녀공학제만으로는 남녀 학생에 대한 차별적 시선의 불식이나 성별에 따른 학력 구조의 해소, 교내 성차별적 폭력의 철폐를 이루기 부족했다.

_뱅상 페이옹·나자 발로-벨카셈,
「교내 남녀평등의 진전을 위하여」, 〈르 몽드〉, 2012년 9월 25일

우리는 여성을 위한 완전한 자유 그리고 완전한 교육을 요구한다.

_잔 루아조(필명 다니엘-르쥐외르),
『여성 혁명, 그 경제적 성과』

이 깊은 침묵 속에, 여성만이 홀로 있는 게 아니다.

수많은 사람들이 망각 속에 사라지고, 망각이 집어삼킨 생명들의 잃어버린 대륙을 침묵이 감싼다. 그러나 성의 불평등으로 인해, 사회의 과거를 구성하는 이 '차별적 유의성'●으로 인해, 침묵이 여성들을 더 무겁게 짓누른다. 이로써 두번째 불평등이 뿌리내린다. 시대에 따라 그 정도가 매우 달라지긴 하나 여성들의 자취가 많이 남아 있지 않기에 과거 여성들을 이해하기가 몹시 어렵다. 여성들은 관찰과 서술이 주로 이뤄지는 공공장소에 좀처럼 모습을 드러내지 않기 때문에 거의 언급되지 않는다. 하물며 여성의 일상적인 부재에 익숙하고, 보편적인 남성을 내세우며 만연한 고정관념 또는 여성이라는 성에 대해 편견을 가진 남성이 서술자라면, 여성은 더더욱 거론되지 않는다. 구체적이고 상세한 정보의 부재는 풍부한 담론 및 풍성한 이미지와 대조된다. 여성들은 묘사나 서술의 대상이라기보다 상상의 대상이었다. 그래서 여성들의 역사를 말한다는 것은 일단 필연적으로 표상들의 집합과 대립한다는 의미다. 여성들 스스로 그 표상들을 어떻게 바라보았는지 또는 그들이 그것들을 어떻게 경험했는지 모르지만, 여성을 은폐하는 표상들을 반드시 분석해야만 한다.

_미셸 페로,
『여성들 혹은 역사의 침묵』

● '(성의) 차별적 유의성'은 인류학자이자 민속학자인 프랑수아즈 에리티에가 1981년에 처음 사용했던 개념으로, 유의성이란 어떤 대상 혹은 어떤 활동의 끌어당기는 힘이나 밀어내는 힘을 의미한다. 에리티에는 이 개념으로 가치의 측면에서 남녀 성의 차별적 위치를, 즉 여성의 원칙에 대한 남성의 원칙의 우세를 보여주고자 했다.

제 10 조

1. 기혼 또는 미혼의 여성에게 경제적, 사회적 생활의 영역에서
남성과 동등한 권리를 보장하기 위하여
모든 적절한 조치를 취해야 하며,
특히 다음의 권리를 확보해야 한다.
(가) 직업훈련, 노동, 직업과 고용의 자유로운 선택권,
직장에서와 직업상의 승진에 있어 혼인 여부 또는
기타 이유에 근거한 차별 없는 권리
(나) 남성과 동등한 보수를 받을 권리 및
동등한 가치의 노동에 대해 동등한 처우를 받을 권리
(다) 유급 휴가를 받을 권리 및 퇴직, 실업, 질병, 노령 및
기타 노동 무능력의 경우 사회보장을 받을 권리
(라) 남성과 동등한 조건으로 가족 수당을 받을 권리

2. 결혼 또는 모성을 이유로 한 여성에 대한 차별을 방지하고
여성의 근로에 대한 유효한 권리를 확보하기 위하여,
결혼 또는 임신이나 출산을 근거로 한 여성의 해고를 금지하고
종전의 직업으로의 복귀를 보장하면서
유급 출산 휴가제를 도입하고, 아동 보육 시설의 확립 등
필요한 사회보장 혜택의 제공을 장려해야 한다.

3. 특정한 유형의 노동의 경우,
여성의 신체상 내재하는 요인들 때문에
여성을 보호하기 위해 이뤄지는 조치들은
차별로 간주되지 않는다.

일러스트 스테판 카르도스

여자들은 뭘 하든 간에 남자들보다 두 배는 잘해야만 그들만큼 잘했다고 인정받는다. 운좋게도 그리 어렵지 않은 일이다.

_샬럿 휘턴,
『캐나다 먼스』, 1963년 6월

여자는 서서 벽에다 오줌을 누는 일만 빼고 남자가 하는 모든 일을 할 수 있다.

_콜레트

여성은 노동을 통해 남성과의 격차를 상당 부분 극복했다. 노동만이 여성에게 실질적인 자유를 보장할 수 있다.

_시몬 드 보부아르,
『제2의 성』

비록 이번 경선*에서 가장 높고 단단한 저 유리천장은 깨지 못했지만, 여러분 덕분에 저곳에 천팔백만여 개의 금이 생겼습니다. 빛은 그 어느 때보다 반짝이며, 다음 여정은 좀더 수월할 것이라는 희망과 확신을 우리 마음속 가득히 안겨줍니다.

_힐러리 클린턴,
국립건축박물관에서 한 연설에서, 미국 워싱턴 D.C., 2008년 6월 7일

어느 막중한 직책에 무능한 여성이 임명되는 날에야 여성은 진정으로 남성과 동등해질 것이다.

_프랑수아즈 지루

* 2008년 당시 민주당 대선 후보였던 힐러리 클린턴은 6월 7일 경선 패배를 인정하고, 버락 오바마 지지를 선언했다.

제 11 조

1. 남녀 권리 평등의 원칙은
「유엔헌장」과 「세계인권선언」의 원칙에 의거하여
모든 국가에서 필수적으로
시행되어야 한다.

2. 따라서 정부와 비정부기구, 개인은
본 선언에 담긴 원칙들이
조속히 추진될 수 있도록 할 수 있는 한
모든 노력을 다할 것을 촉구한다.

일러스트 크리스토프 로트레트

올랭프 드 구주의
「여성과 여성 시민의 권리 선언」

전 문

(1791년 10월 28일 입법의회에 제출되었으나 공회에 의해 부결된 후
마리 앙투아네트 왕비에게 헌정된 팸플릿 「여성의 권리」에 발표된 선언)

프랑스 인민의 여성 대표들인 어머니, 딸, 자매 들은
국민의회의 일원이 되기를 요구한다.
여성들은 여성의 권리에 대한 무지, 망각 또는 멸시가
민중의 불행과 정부의 부패를 초래하는 유일한 원인이라고 여기면서,
엄숙한 선언을 통하여 침해할 수 없는
존엄한 그들의 자연권을 천명하기로 결의하였다.
그리하여 이 선언이 사회의 모든 구성원에 항시 제시되어
그들의 권리와 의무를 끊임없이 상기시켜주고,
여성의 권리 행사 및 남성의 권리 행사가
언제든 모든 정치제도의 취지에 견주어 더욱 존중받게끔 하여
이제 단순명료한 원칙에 입각한 여성 시민의 요구가
언제나 헌법과 미풍양속, 만인의 행복을 유지하는 데 기여하기를 바란다.

따라서, 출산의 고통을 견디는 용기만큼이나 아름다움에서도
우월한 여성은, 지고의 존재 앞에 그리고 그 비호 아래
다음과 같은 여성과 여성 시민의 권리들을 승인하고 선언한다.

일러스트 제랄드 게를레

제 1 조

여성은 자유롭게 태어나고
남성과 평등한 권리를 누리며 살아간다.
사회적 차별은 오직 공동의 이익에
근거할 때에만 인정될 수 있다.

일러스트 카미유 앙드레

떨어라, 퀼로트* 입은 폭군들아!
여성이여, 우리의 날이 도래했다.
자비란 없다, 낱낱이 기록하자
수염 난 저들의 모든 과오를! (재창)
얼마나 오래 이어져왔느냐,
우리 인내는 한계에 달했다.
일어서자, 베수비오 자매들**이여, 일어서자,
씻어내자 우리 지난날의 모욕을.

(후렴)
자유여, 우리 이마 위로
네 뜨거운 햇살을 비춰라.
떨어라, 떨어라, 독선적인 남편들아,
코티용***들을 경배하라!
떨어라, 떨어라, 독선적인 남편들아,
코티용들을 경배하라!

남성, 저 흉포한 압제자들은,
저들의 권리 선포에 공력을 들였다.
권리를 만들자 우리를 위해,
우리를 위한 법률을 누리자! (재창)

• 귀족의 상징인 남성용 짧은 바지. 1789년 프랑스혁명을 이끈 민중 세력인 '상 퀼로
트'(Sans-culottes)는 퀼로트를 입지 않은, 긴 바지 차림의 노동자를 가리킨다.
•• 1848년 2월혁명으로 등장한 프랑스의 급진적 페미니스트 단체.
••• 평민 여성 및 시골 여성의 치마.

만일 남성이 1793년●●●●에

제 안위만을 위해 공력을 들였다면,

이제 우리를 위해 나서자.

우리만의 〈라 마르세예즈〉●●●●●를 만들자!

_루이즈 드 쇼몽,
『여성 공화국, 코티용 저널』 초판에 게재된 '코티용들의 〈라 마르세예즈〉' 찬가, 1848년 6월

●●●● 1793년 6월 국민공회에서 채택된 프랑스 헌법은 인민주권을 명시하고, 남성의 보통
  선거제도를 인정하였다.
●●●●● '마르세유의 행진곡'이라고 불리는 〈라 마르세예즈〉는 프랑스혁명 시기에 군가로 만
  들어져 현재 프랑스의 국가로 자리매김했다. 루이즈 드 쇼몽이 쓴 페미니스트 찬가
  '코티용들의 〈라 마르세예즈〉'는 〈라 마르세예즈〉 가락에 맞춰 노래된다.

나는 페미니즘이 정확히 무엇인지 깨닫지 못했다. 다만 내가 부당한 상황에서도 가만히 당하고 있는 사람과는 다르게 내 감정을 표현할 때마다 사람들이 나를 페미니스트로 여긴다는 사실만을 알 뿐이다.

_리베카 웨스트

매우 오랫동안 여성은 남성과 동등한 사회적 지위를 누리고 싶어했습니다. 1789년, 올랭프 드 구주가 여성들의 이름으로 삼부회에 진정서와 청원서를 제출하자 이제 사회가 완전히 뒤바뀌어 여성이 남성에게서 해방될 것이기 때문에, 여성의 지위를 검토해봐야 의미가 없다는 답이 돌아왔습니다. 혁명이 일어났습니다. 그리고 남성의 권리가 선포되었습니다. 하지만 여성은 여전히 예속되어 있었습니다. 혁명을 위해 사력을 다했던 이 여성들은 순진하게도 자기네 몫의 자유를 쟁취했다고 믿었습니다. 하지만 자기네가 모든 것에서 배제된다는 사실을 깨닫고 이에 항의했습니다. 그러자 그들은 조롱당하고, 괄시받으며, 수모를 당해야만 했고, 훗날 파리의 코뮌 평의회에 자기네 권리를 주장하러 갔을 때에도, 평의원이었던 피에르 쇼메트에게 치욕스럽게 내쫓겼습니다. 격분한 여성들은 궐기해 각자의 권리뿐만 아니라 모든 사람의 공동 이익을 옹호하는 모임을 결성했습니다. 그러나 저 막강한 국민공회가 그들의 조직을 와해하고, 사회 문제에 참여하려는 여성들의 집회를 금지하는 법안을 가결하였습니다. 그리고 이 횡포한 국민공회의 혁명가들은 불평등을 선언함과 동시에 평등과 자유라는 단어를 전 세계 구석구석까지 울려퍼지도록 했습니다! (…) 프랑스의 여성들이여, 이 연단에서 여러분에게 외칩니다. 현재 우리의 평등을 부인하는 자들은 먼 훗날에도 그럴 것입니다. 그러니 우리 자신을 믿고, 우리의 주장을 멈추지 말아야 합니다. 우리는 수세기 동안 우리 자신을 생각하지 않고, 공공의 행복을 위해 일함으로써 공익에서 우리 몫을 확보할 것이라고 잘못 믿었던 희생자였습니다. (박수)

_위베르틴 오클레르,
제3차 사회주의노동자회의 연설, 프랑스 마르세유, 1879년 10월 22일

모든 정치적 결사의 목적은
여성과 남성의 소멸되지 않는
자연권을 보전하는 데 있다.
이 권리란 자유권, 소유권, 안전권,
그리고 특히 압제에 대한 저항권이다.

일러스트 리오넬 리슈랑

□ 그림 속의 글자 : 절대 두렵지 않다 /
연대 / 민주주의여 어디 있느냐?

여성에 대한 폭력은 어떤 환경도, 어떤 지역도, 어떤 세대도 피해 가지 않습니다. 어디에서나, 여성에 대한 폭력은 불평등과 지배를 존속시킵니다.

_마리졸 투렌,
'세계여성폭력추방의 날' 언론보도자료, 2015년 11월 25일

상상해보라, 존 레넌의 〈이매진〉 노래가사처럼 종교 없는 세상을. (…) 자살 폭탄범도 없고, 9·11테러도 없고, 7월 7일 런던폭탄테러도, 십자군도, 마녀사냥도, 화약음모사건●도, 인도 분할도, 이스라엘-팔레스타인 분쟁도, 보스니아 내전도, '그리스도 살인자'라며 유대인에 가하는 박해도, 북아일랜드 '분쟁'도, '명예 살인'도, 머리를 부풀리고 화려한 의상을 빼입고 텔레비전에 나와서 순진한 사람들을 교묘하게 속여 돈을 뜯어먹는 복음 전도사들도 없다고 상상해보라. 유구한 석불들을 폭파하는 탈레반도 없고, 신성 모독자들에 대한 공개 참수도, 살갗을 노출한 죄로 여성에게 가하는 태형도 없다고 상상해보라.

_리처드 도킨스,
『만들어진 신』

● 1605년 영국 제임스 1세의 종교 정책에 항거하며 과격한 가톨릭교도들이 계획한 제임스 1세 암살 미수 사건.

세 일신교, 다시 말해서 세 종교 모두가 근본적으로 여성, 욕망, 충동, 격정, 관능과 자유, 즉 모든 자유에 대해 똑같은 혐오를 내세운다. 그러니 학교에서 가르치는 종교 교육의 타당성 여부로 흥분하지 마라. 우리에게 시급한 것은 무신론 교육이다.

_**미셸 옹프레,**
『비신학 개론』

성별의 차이를 보다 확실하게 보증해주는 신, 여성혐오자들이 언제나 자기편으로 끌어들이는 바로 그 신……

_**브누아트 그루,**
『남성들의 페미니즘』

진정으로 자유로운 민중 속에서 여성이 자유를 누리고 존중받는다.

_**루이 앙투안 드 생쥐스트,**
『프랑스 혁명과 헌법의 정수』 제3부 12장 「여성들」, 1791년

모든 주권의 원칙은

본질적으로 국민에게 있으며,

이 국민은 여성과 남성의

집합에 지나지 않는다.

어떤 단체나 어떤 개인도

국민으로부터 명시적으로 나오지 않은

권한을 행사할 수 없다.

일러스트 뤽 데마르슐리에

이동의 자유가 핵심이다. 성별에 따른 차별이 존재했던 19세기 대도시에서 대다수의 여성들은 자유롭게 돌아다닐 수 없었다. 매춘부들만이 예외였다. 여성은 가면이 있어야만 남성이 점유한 장소에 들어갈 수 있었고, 피관찰자에서 관찰자로 지위를 전환할 수 있었다. 조르주 상드가 남성들만 거리를 떠돌아다닐 수 있다는 법칙에서 벗어난 얼마 되지 않는 인물이었다. 산책을 하거나 세상의 즐거움을 만끽하려면 적잖이 오래 걸어야만 한다. 그러나 패션이 이러한 자유를 가로막았다. 다시 말해서 드레스, 모자, 구두 따위 때문에 여성들은 틀어박힐 수밖에 없었다.

_크리스틴 바르,
『바지의 정치사』

도서관에 있는 저 두꺼운 지혜의 책들에서는 누가 말하는가? 고대 로마의 카피톨리노언덕에서는 누가 말하는가? 성전에서는 누가 말하는가? 연단에서는 누가 말하고, 법률에서는 누가 말하는가? 남성이 발언권을 갖는다. 세상은 남성의 말로 이뤄진다. 남성의 말은 서로 전쟁하는 양 전개된다. 그럼으로써 남성들이 모두 똑같은 말을 한다는 사실이 잊힌다. 남성의 말로 좌지우지된다는 그 말을 말이다. 세상은 남성의 말이다. 남성이 세상의 말이다.

_아니 르클레르,
『여성의 말』

지난주에 슈아지르루아에서 처음 토론회를 가졌다. 첫날 저녁에는 약간 겁에 질려 별다른 말을 못했다. 나는 어떤 남성의 발언을 듣고만 있었다. 둘째 날 저녁에야 나는 발언을 할 수 있었다. 셋째 날에는 제법 괜찮은 편이었다. 누군가 내게 질문을 던져 그에 답변하려는 찰나, 그 남자가 내 발언을 가로챘다. 그 자리에 있던 여자들이 "이봐요, 저 여자 말 좀 들읍시다! 여성에게 발언권을!" 하고 외쳤다. 그러자 그는 입을 다물었다. 그 순간 나는 말해야 한다고 절실히 느꼈다. 여성들은 내가 말하기를 기다리고 있었고 그래서 나는 훨씬 더 자유롭게 발언할 수 있었다.

_프랑스 시계 브랜드 '립'의 익명의 여성 시계제조공,
프랑스 브장송.「여성들의 립」, 〈레 페트롤뢰즈〉• 창간호. 1974년

우리는 결국에는 여자가 되려 하는 태도를 고쳐야 한다. 우리는 여자로 태어나는 것이 아니라 남자들의 세계에서 여자로 양육되고, 남자들의 시선과 잣대로 매 순간 인생의 시기를 경험하고 행동하는 태도를 고쳐야 한다. 그리고 남성들이 여성의 이름으로 혹은 여성의 이익을 대변하여 하는 말을 잠자코 듣기만 한다면, 이를 고칠 수 없을 것이다.

_브누아트 그루,
『그녀의 뜻이 이루어질지어다』

• 1974년부터 1976년까지 간행된 페미니스트 일간지. '레 페트롤뢰즈'는 1871년 '파리 코뮌' 당시에 베르사유의 정규군에 맞서 석유(pétrole, 페트롤)로 방화를 일으키며 저항했던 민중 여성들을 지칭한다.

올랭프 드 구주의「여성과 여성 시민의 권리 선언」

자유와 정의는 타인에게 속하는
모든 것을 돌려주는 데 있다.
따라서 여성의 자연권 행사를 가로막는
제약은 남성이 여성에게 가하는
항구적인 폭정뿐이다.
이러한 제약을 자연법과
이성법으로써 쇄신해야 한다.

일러스트 위그 마오아스

록산느가 파리에 있는 우스벡에게.

그래요, 난 당신을 배신했어요. 당신의 환관들을 유혹했죠. 당신의 질투를 조롱했어요. 그리고 알게 됐죠, 당신의 끔찍한 하렘을 희열과 쾌락의 장소로 만드는 방법을요.

나는 죽을 거예요. 독약이 내 혈관을 타고 퍼져나가겠죠.

내가 뭐하러 여기 있겠어요? 나를 살아 있게 해준 단 한 사람이 이제 존재하지 않는데.

나는 죽지만 내 영혼은 홀로 떠나지 않을 거예요. 세상에서 가장 아름다운 피를 흘린 저 불경한 감시자들을 막 앞세워 보냈으니까요.

어떻게 내가 이 세상에 당신의 변덕을 즐기기 위해서만 존재한다고 생각할 정도로 나를 순진한 사람으로 생각할 수 있죠? 어떻게 당신은 제멋대로 행동하면서, 내 모든 욕망을 꺾을 권리가 있다고 생각할 수 있죠?

아니에요. 노예로 살았을지언정, 나는 늘 자유로웠어요. 나는 자연의 법에 맞게 당신의 법을 고쳤고, 내 영혼은 언제나 독립적이었지요.

당신은 다시 한번 감사해야 할 거예요. 내가 당신에게 헌신을 베푼 일에 대해서, 당신에게 충실하게 보이기 위해 나를 낮춘 일에 대해서, 온 세상에 알려야 했음에도 불구하고 비겁하게 마음에만 묻어뒀던 일에 대해서 말이죠. 요컨대 당신의 환상에 대한 나의 복종이 정조라고 불리는 수모를 견디면서 되레 내가 그 정조를 더럽힌 일에 대해서 말이에요.

당신은 내게 사랑의 열정이 보이지 않는다며 신기해했죠. 당신이 나를 진정으로 알았다면, 나의 맹렬한 증오를 발견했을 거예요.

하지만 당신은 오랫동안 당신이 내 마음을 독차지했다고 믿어왔죠. 우리 둘 다 행복했어요. 당신은 내가 배신당했다고 믿었지만, 내가 당신을 배신한 거예요.

이런 말이 아마 뜻밖일 거예요. 당신을 고통에 시달리게 하고 나서 당신이 내 대담함을 감탄하게 만들 수 있을까요? 그렇지만 이제 늦었어요. 독이 온몸에 퍼지고 있어요. 힘이 빠져가네요. 펜을 쥐고 있기가 힘들어요. 나의 증오까지 사그라드는 것 같아요. 나는 죽어갑니다.

이스파한의 하렘에서, 1720년 레비압 I(5월) 8일

_몽테스키외,
『페르시아인의 편지』

여성은 유럽에서 지나치게 폄훼되어, 그들이 마땅히 받아야 하는 몫을 요구할 엄두조차 내지 못한다.

여성이 자유롭게 사랑할 권리를 법이 보장했더라면, 부당하게 조롱받는 저 가식적인 사랑이 줄었을 터이고, 아무런 불편 없이 자유로이 이혼할 수 있었을 것이다.

여성의 예속화는 남성에게 전혀 이롭지 않다. 굴레는 질겁하면서도 그것을 억지로 뒤집어쓰는 남성은 얼마나 기만적인가. 또 여성을 노예로 전락시킨 대가로 이러한 구속이 남성을 얼마나 진절머리나게 만드는가!

일반적으로, 사회의 발전은 자유를 향한 여성의 진보로 결정되고, 사회의 퇴보는 여성이 누리는 자유의 축소에 부합한다. 여성의 권리 확대는 모든 사회 발전의 보편 원칙이다.

_샤를 푸리에,
『사랑에서의 자유를 향하여』

우리는 식민 통치가 일어나지 않았던 양, 인종차별적 표현이 존재하지 않은 양 행동할 수 없습니다. 이와 마찬가지로, 성규범들이 쌓여가는 것을 무시할 수 없습니다. 세상이 돌아가는 데 규범이 필요하지만, 우리에게 보다 바람직한 규범을 우리가 찾을 수 있습니다.

_**주디스 버틀러**,
프랑스 주간지 『르 누벨 옵세르바퇴르』와의 인터뷰에서, 2013년

자연법과 이성법은

사회에 해로운 모든 행위를 금지한다.

이 현명하고 신성한 법으로써

금하지 않은 것은 무엇이든

방해받을 수 없으며,

누구도 이 법이 명하지 않은 바를

행하도록 강요받을 수 없다.

일러스트 이르간 라몽

여성이 남성에게 지배당하는 것은, 그들이 육체적으로 여성이기 때문도, 그들이 해부학적 구조가 다르기 때문도, 그들이 천성적으로 남성과 사고 방식 및 행동양식이 다르기 때문도, 그들이 연약하거나 무능하기 때문도 아니다. 여성이 남성에게 지배당하는 이유는 여성이 남성의 생식과 번식을 좌우하는 특권을 가졌기 때문이다. 피임은 여성들을 구속하던 바로 그 지점에서 그들을 해방시킨다. 더욱이 어떤 사회든 간에 피임이 여성들에게 얼마나 중요한지 알면 놀랄 정도다. 최근, 사회학자들은 우리 시대의 가장 의미 있는 사건이 뭔지 여론조사를 진행했다. 그 결과, 대다수의 남성들은 우주 정복이라고 답변했다. 여성은 90퍼센트가 피임의 권리를 꼽았다. (…)

여성들의 피임은 인류 역사에 있어서 진정으로 유례없는 전환점이다. 실제로, 수세기 동안 여성의 지위가 변화했다. 그러나 이러한 변화는 표현의 측면에서 항상 변함없는 기반을 전제로 이루어졌는데, 그 기반이란 전통적 의미의 남성 지배다. 이를테면 여성은 가정을 상징하고, 생물학적 기능을 통제하는 데 그쳐야 한다. 이 같은 보편적인 토대가 근본적으로 변화하려면 여성이 자주적인 개인으로서 합법적인 지위를 가져야만 한다. 따라서 내 생각에는 피임이 여성을 해방시켜줄 필수 요소다.

_프랑수아즈 에리티에,
『남자/여자II: 위계의 와해』

한 세기 전에 여성은 임신하는 순간 자기 인생이 끝장난다는 걸 알고 있었다.

_레이철 커스크,
『알링턴파크 여자들의 어느 완벽한 하루』

자연주의의 부활은 모성이라는 진부한 개념을 떠받들고, 여성의 마조히즘과 희생을 찬양하여 여성 해방과 성평등을 위태롭게 만드는 최악의 위험이다.

_엘리자베트 바댕테르,
『갈등: 아내와 엄마』

부모 자식 간의 관계도 부부간의 관계처럼 자유롭게 형성되어야 한다. 그리고 아이가 여성에게 있어서 특권적인 업적이라는 말은 사실이 아니다. 대체로 사람들은 '아이가 없어서' 여자가 교태를 부린다거나 사랑에 빠진다거나 레즈비언이라거나 야심가라고 말한다. 그리고 그녀의 성생활과 목적, 가치는 아이의 대용이라고들 한다. 그러나 사실, 여기에는 기본적으로 불명확한 부분이 있다. 누군가는 사랑이 결핍되어서, 직업이 없어서, 동성애적 기질을 충족시키지 못해서, 여자가 아이를 바란다고도 할 수 있기 때문이다. 이런 거짓된 자연주의는 사회적이고 인위적인 도덕을 은폐한다. 여성의 궁극의 목적이 아이라고 주장하는 건 광고 슬로건에서나 겨우 가치를 지닐 뿐이다. 첫번째 편견은 아이가 어머니의 품에서 확실한 행복을 느낀다는 또다른 편견으로 곧장 이어진다. 모성애 자체가 자연스럽지 않으니 '자연스럽지 못한' 어머니들은 없다. 그러나 정확히 그러한 이유로 인해 나쁜 어머니들이 있다.

_시몬 드 보부아르,
『제2의 성』

제 6 조

법은 일반의지의 표현이어야 한다.

그러므로 여성 시민과 남성 시민은

직접 또는 그들의 대표자들을 통해

법 제정에 참여해야 한다.

법은 만인에게 동일해야 한다.

모든 여성 시민과 남성 시민은

법 앞에 평등하므로,

그들의 능력에 따라서

그리고 그들의 덕목과 재능 외에

어떤 차별도 없이

모든 공직, 즉 공적인 지위와 직무를

평등하게 맡을 수 있어야 한다.

일러스트 루이 토마

정당들은 여성의 환심을 사려는 남성의 태도가 정치적 모독일 수 있다는 사실을 여성에게 상기시키면서, 영국의 정치 클럽들English clubs처럼 변화에 저항하고 필사적으로 호전적인 조합주의를 되풀이하고 있다. 사회 변혁이라는 이상을 실현하고자 정치에 입문하길 희망하는 여성들은, 날 선 표현 일색인 당파적인 조직에 의해 배척당한다.

_이베트 루디,
「견제되는 파리테●」, 〈르 몽드〉, 2004년 9월 5일

자선 사업을 하는 여성이 되지 말고, 여성들의 작업장에서 잠들지 마라. 페미니즘을 진정한 위치인 정치 영역으로 되돌려놓는 것을 잊지 마라.

_마르그리트 뒤랑

• 프랑스는 1999년에 남녀평등법을 위한 헌법 개정안이 채택되어, 2000년 6월 6일에 남녀 동수(同數)법, 일명 '파리테(parité) 법'이 선포되었다. '파리테'는 프랑스어로 '동등'을 의미한다. '파리테 법'은 공직 선거에서 남녀에게 평등한 선출의 기회를 제공하기 위한 것으로, 이 법에 따르면 정당들은 지방 선거, 시의회 선거, 상원의원 선거, 유럽의회 선거 등에 동일한 수의 남녀 후보자를 공천해야 한다.

믿고 안심하는 바와는 정반대로 여성의 상황은 개선되지 않고 있다. 전 세계적으로도, 알다시피 프랑스에서도 상황은 마찬가지다. 여성이 승리를 거둔 지도 서른 해가 지났음에도•, 남성이 여전히 주도권을 쥐고 있다. 그러한 사실을 직시하지 않고 액세서리 가게에 어머니의 페미니즘을 묻어 두는 것은, 지극히 어렵게 쟁취해낸 여성들의 사회적인 지위를 침체시키고, 심지어 회귀시킬 위험이 있다.

_브누아트 그루,
『그녀의 뜻이 이루어질지어다』

콜레트는 종의 번식의 필요성도, 커플 그리고 그들의 굳은 약속으로 보장되는 사회적 안정성의 필요성도 따르지 않았다. 그녀는 커플의 일원으로서가 아니라 복수의 관계 속에서, 호기심과 창조성을 유지하기 위하여 감각의 자유를 얻고자 하는 '여성'이라는 주체의 해방에 대해서만 줄곧 관심을 가졌다.

_줄리아 크리스테바,
『천재적인 여성, 콜레트』

• 프랑스는 1944년 4월 21일에 행정명령 제17조 "여성은 남성과 동등한 조건에서 선거권과 피선거권을 가진다"는 조항에 따라 여성들에게 참정권을 부여했다.

어떤 여성도 예외 없이

법으로 규정된 경우

기소되고 체포되고 구금된다.

여성은 남성과 마찬가지로

이 준엄한 법에 복종한다.

일러스트 마엘 구르믈랑

우리가 사전을 개정해 언어를 여성화할 때, 여성화된 단어 하나하나가 남성의 이기주의에 대한 의미심장한 경고가 될 것이다.

_위베르틴 오클레르

그렇습니다, 영혼과 정신의 내적 작용에 정통하신 대가님들, 독서는 여성들의 상상을 자극합니다! 불경하다마다요. 독서가 여성들에게 안기는 즐거움을 어떻게 막을 수 있을까요?

_로르 아들레르·슈테판 볼만,
『책 읽는 여자는 위험하다』

"여자들에게 돌연 무슨 일이 생긴 겁니까? 여자들이 온통 책을 쓰기 시작했습니다. 그들이 해야만 하는 그토록 중요한 말이 도대체 뭔가요?"
최근 어느 주간지에서 이러한 질문을 받았는데, 남자들이 이천 년 동안 글을 써온 이유에 대해서는, 그리고 그들에게 여태 무슨 할말이 남아 있는지에 대해서는 왜 전혀 궁금해하지 않는단 말인가!

_브누아트 그루,
『그녀의 뜻이 이루어질지어다』

이러한 시인들이 존재할 것입니다! 여성들이 끝없는 예속상태에서 벗어날 때, 여성들이 자신을 위해서 그리고 자신에 의해서 살아갈 때, 지금까지 가증스러웠던 남성들이 여성들에게 자유를 돌려줄 때, 여성들 역시 시인이 될 것입니다! 여성은 미지를 발견할 것입니다. 여성들의 관념세계는 우리 남성들과 다를까요? 여성은 기묘하고, 불가해하고, 불쾌하면서도, 다른 한편으로 매력적인 무언가를 발견할 것입니다. 우리들은 그것들을 소유할 것입니다. 그것들을 공유할 것입니다.

_아르튀르 랭보,
'폴 드므니에게 보내는 편지'(일명 '견자의 편지'), 프랑스 샤를빌, 1871년 5월 15일

우리가 남성들을 모방하고, 그들의 전례를 답습하고, 그들이 좋은 길을 맹목적으로 따르는 일은 크나큰 잘못일 듯하다. 우리는 무엇보다 귀중한 요소를 가지고 있다. 바로 무지다. 수세기 동안 남성들이 축적해온 온갖 케케묵은 잡동사니들로 우리의 정신을 채움으로써 그 무지의 혜택을 잃을 수 있으니 경계하자.

_알렉산드라 다비드넬,
「여성과 사회 문제」『라 프롱드』, 1902년 5월 28일

제 8 조

법은 엄격하고 명백하게
필요한 형벌만을 규정해야 하며,
그 범죄 이전에 제정되고 공포되어
여성에게 합법적으로 적용되는 법에
근거하지 않고서는
누구도 처벌받을 수 없다.

일러스트 말리 시리

□ 그림 속의 글자 : 정의

아름다움이 작용하기 전에 우리 여성은 전적으로 성적이고, 아름다움의 신화를 좇지 않고 그것을 넘어서 그렇게 성적으로 존재할 수 있으며 그 성적인 느낌이 어떻게 보이는가에 좌우되어서는 안 된다. 최초의 고독한 욕망은 이러한 사실들을 여성들에게 일깨워주는 몇 안 되는 기억들 중 하나이다. 남성들은 이러한 문제를 대수롭지 않게 여긴다. 알다시피 남성의 성은 문화로 인정받아서 그 자체로 존재한다. 남성들은 외모로 인정받을 필요가 없다. 남성의 욕망은 여성과의 접촉보다 먼저 나타난다. 잠자코 기다렸다가 여성의 의지에 반응해 일어나는 것이 아니다.

_나오미 울프,
『무엇이 아름다움을 강요하는가』

지참금이라고 불리는 이러한 거래와 남편이라고 불리는 저 폭군으로 만들어진 우리 사회에서, 간통은 자유 중에서도 가장 중요하고 가장 고결한 자유인 사랑의 자유, 여성의 노예화와 결혼의 횡포에 맞선 자유를 옹호하는 항의나 다름없다. 그 항의는 무질서하나 정당하고, 맹렬하고 변화무쌍하지만, 자연 그 자체처럼 심오하며 억누를 수 없다.

_빅토르 위고,
『목격한 것들』

관습대로라면 결혼이란 본질적으로 순결한 소녀와 이미 경험 있는 남자의 결합으로 남성의 경험에 소녀의 교육을 맡기는 것이다. 이 제도는 어린 여성들의 순결이라는 원칙 혹은 편견을 근간으로 한다. 하지만 어린 여성들이 순수하고 무지한 상태로 결혼해야 한다는 사실에 동의한다 하더라도, 이 초심자들은 결혼을 통해서 참스승을 발견해야 하고 부부로서의 준비를 믿을 만한 사람들에게 맡겨야만 한다. 현행 제도는 어린 여성들이 결혼전에 이론적으로라도 사랑을 경험하는 일마저 금지한다. 다른 한편에서는 대다수의 남성들이 두 배우자 중 한 사람이 반드시 가져야 하는 바로 그 경험을 적절한 조건 속에서 얻는 것을 우회적으로 금지한다. 만일 젊은 남성들이 결혼 전 자유분방한 시기에 창녀들에게 가르침을 받아야만 한다면, 그것이 자유로운 선택이나 선호하는 바일까? 오히려 무턱대고 구해야만 하는 애인을 자기 주변에서 사적으로 아는 지인들 가운데 찾는 것을 더 선호하지 않을까? 짧고 은밀한 만남들로 그들의 청춘의 열정을 낭비하기보다는 그들과 마찬가지로 미숙한 이성친구에게 열정을 쏟고 싶어하지 않을까? 애정을 나누면서 차츰 욕망을 알아차리고, 그 욕망을 서로 주고받게 되지 않을까? (…) 그대들은 가장 가혹한 처벌로써, 어린 여성들이 사랑을 미리 배워 결혼하는 일을 금지하면서 동시에 미래의 스승들을 망친다. 한 번에 너무도 많은 실수를 저지르는 셈이다.

_레옹 블룸,
『결혼에 대하여』

어떤 여성이든 유죄가 선고되면

법에 따라 엄중하게 심판받는다.

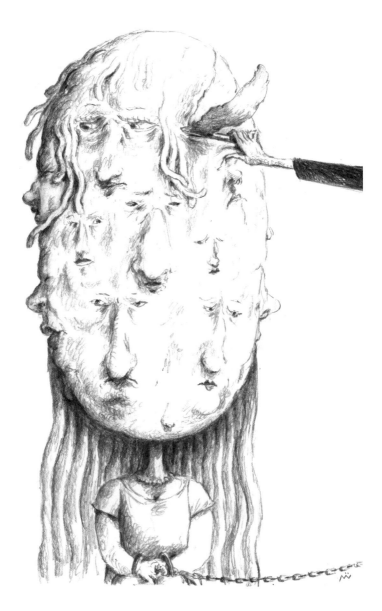

일러스트 마일리스 발라드

대부분이 남성인 이 의회에서 이런 이야기를 하기가 송구하나 우선 의원 여러분들께 여성으로서 저의 신념을 나누고 싶습니다. 어떤 여성도 경솔히 낙태 수술에 의지하지 않습니다. 여성들의 목소리에 귀기울이기만 하면 됩니다. 낙태는 언제나 비극이고 언제까지나 그럴 것입니다. (…) 그러나 매년 이 나라의 여성들의 몸을 상하게 하고, 우리의 법률을 무시하고, 시술받은 사람들을 모욕하거나 그들에게 정신적 충격을 안기는 저 삼십만 건의 낙태 수술을 더이상 눈감을 수만은 없습니다.

프랑스 국민들을 잠시 갈라놓았던 주요한 논쟁들이, 시간이 지나고 나면 우리 프랑스의 톨레랑스와 중용의 전통에 속하는 새로운 사회 합의의 형성에 필요한 단계처럼 나타난다는 사실을 우리는 역사로 알 수 있습니다.

_시몬 베유,
낙태법 개정 사유에 대한 연설에서, 국회, 1974년 11월 26일

임신으로 인한 비극은 그 빈도수로 따지면 거의 부지기수로 일어난다. 어떤 여성은 명예가 훼손되는 일을 막으려 스스로 목숨을 끊는다. 어떤 여성은 자기 아이를 죽인다. 젊은 여공이나 하녀, 농장에서 일하는 소녀의 경우 주인에게 내쫓겨 몸을 파는 신세로 전락하기도 한다. 그러나 낙태 수술 덕분에 이러한 참혹한 대단원이 줄어든다. 법이 낙태를 범죄로 규정하지 않고, 여성들에게 그들의 의지로만 어머니가 될 권리를 인정한다면 이러한 일은 발생하지 않을 것이다.

_마들렌 펠르티에,
『여성의 성해방』

여러분, 모두가 (사생아의) 친자관계 확인의 필요성과 그 장점에 대해 이야기했습니다. (…) 그러나, 저는 여전히 아이 아버지를 파악하기 어려운 모든 여성들을, 형식과 절차 때문에 망설일 모든 여성들을, 특히 자신을 부인한 형편없는 남자들에게 아무것도 바라지 않으며 존엄을 지키려 할 모든 여성들을 떠올릴 때, 우리가 이 친자관계 확인에서 매우 미비한 임시방편책만을, 그마저도 조심스러운 첫걸음만을 고려해서는 안 된다고 생각합니다. 노예와 다름없는 여성들이 완전한 정의와 완벽한 자유를 향해서 무거운 걸음을 내디딘, 저 장애물이 즐비한 험한 길을 보다 많은 사람들이 뒤따라야만 합니다. 배신당한 어머니와 버림받은 아이에게 기만적인 애인이자 자격 없는 아버지를 찾아 그를 처벌할 수 있는 기회를 주기보다는 어머니와 아이 모두가 그 남자 없이 살아갈 만한 여건을, 그 남자가 그들을 무시한 것처럼 그들이 그자를 무시하고 그가 그들을 업신여긴 것처럼 그들이 그를 개의치 않고 살아갈 만한 환경을 만들어주는 일이 훨씬 더 중요하다고 생각합니다.

오늘날 우리가 매달리고 있는 이 중대한 문제는 아마도 다른 방식으로 해결할 수 있을 터입니다. 여성들에게 모든 문을 열어 모든 가능성을 보여주기. 자기 삶을 살아갈 수 있도록 그리고 양지에 자리잡을 수 있도록 그들 스스로를 운명의 주인으로 만들기. 또 그들이 관습법에서 벗어났을 때, 어머니들의 성스러운 이마에 낙인을 찍는 끔찍한 도덕을 폐지하기. 그리고. 요지는 바로 이겁니다. 이 '모성 기금'을 조성하기, 어머니의 역할을 사회의 역할과 동일시하기. 이것만이 어머니들의 안전과 자립을 보장할 수 있습니다. 이것이 우리를 괴롭히는 수많은 폐해를 막을 최선의 참된 해결책입니다.

_넬리 루셀,
친자관계 확인을 위한 집회 연설에서, 1910년 2월 9일

누구도 자신의 견해 때문에,

심지어 급진적인 견해라 할지라도,

위협받아서는 안 된다.

여성은 단두대에 오를 권리가 있다.

마찬가지로 그의 의사 표명이

법이 규정한 공공질서를 해치지 않는 한,

연단에 오를 권리 역시 가져야 한다.

일러스트 와심 부탈렙 J.

□ 그림 속의 글자 : 자유의 몸
나는 자유롭다
투쟁은 권리

사회적 개인인 남성이 나아가고 올라서려면, 인류가 발전하려면, 아이를 잉태하는 여성이 나아가고, 발전하고, 올라서고, 성장해야 한다. 그러나 누구도 예속된 상태로는 성장하지 않는다. 그 누구도 자발적 복종상태에서는 오르지도, 올라서지도 않는다. 인간은 자신의 의식의 성장을 통해서만, 자유의 추구와 그 실천을 통해서만 발전한다. 소크라테스는 그 시대의 남성들에게 말했다. "너 자신을 알라." 이제 여성들에게 이렇게 말해야 하는 시기가 도래했다. "너 자신의 주인이 돼라." 자기 주도적 삶은 권리일 뿐 아니라 의무다. 남성에게 지배를 받는 여성, 남성에게 예속된 여성이 남성을 굴복하게 만들고 움츠러들게 한다. 누군가의 폭압은 필연적으로 다른 누군가의 권리 박탈로 귀결된다. 즉 모두가 전락하는 셈이다.

사람들을 노예로 만드는 자, 그가 노예가 된다. 모든 전제군주는 그들 스스로를 예속시킨다. (…) 남성과 여성 사이는 긴밀하게 결속된다. 이는 여성의 자유와 문명의 진보 사이에 자리한 숙명적이고 확고부동한 결속이다.

_**레옹 리세**,
『자유로운 여자』

집에서건 일터에서건 혁명 단체에서건 우리는 어디서나 무진 애를 먹는다. 우리가 만만찮게 보일 때에만 무언가가 이루어지는데, 이제 남성들의 이런 마조히즘은 지긋지긋하다. 여성이 힘을 가지면 적어도 만만하지 않을 수 있다! 내 몸은 달리 떠받칠 방법이 없어서 단순히 내 머리를 지탱하는 도구가 아니다. 내가 남자의 머리, 지성인의 머리, 심지어 내 아버지의 머리를 가졌던 순간부터 더 많은 가능성이 생겼다. 아가씨가 아닌 젊은 여성은 존재할 권리가 없고, 성적 충동을 일으키지 않는다. 척하면 착이다. 말로 표현하고 글을 쓰는 젊은 여성은 성적 충동을 일으키지 않는다고 말하는 저 사내들이 혁명 단체에 속해 있고, 그 단체들을 이끌어간다. 그러므로 내가 내 몸을 가질 수 있고, 웃을 수 있고, 내 머리를 지키게 해줄 혁명은 다른 곳에서 내 힘으로 만들어야 할 것이다.

_「내가 여성 해방 운동에 참여하는 이유」,
페미니스트 월간지 『리디오 리베르테, 르 토르송 브륄!』 0호, 1970년 12월

아니, 남녀 간의 전쟁은 페미니즘에서 시작된 게 아니다. 그와 반대로, 남녀 간의 전쟁은 페미니즘으로 끝나야 한다! 오 남자들이여, 여자들이 더 행복해질 때 그대들이 더 행복해지리라는 사실을 알면 좋으련만!

_넬리 루셀

사상과 견해의 자유로운 소통이

여성의 가장 소중한 권리 중 하나인 것은

자유가 자식에 대한

아버지의 적법성을 보장하기 때문이다.

따라서 모든 여성 시민은

미개한 편견 때문에 진실을 은폐하도록

강요당하는 일 없이

나는 당신 아이의 어머니다, 라고

자유롭게 말할 수 있다.

다만 법으로 규정된 경우

이 자유를 남용한 책임을 져야 한다.

일러스트 마르크 리자노·카롤 트레보르

□ 그림 속의 글자 : 혼외 / 사생아들 / 아버지의
불인정 / 수치! / 자격 없는 어머니들

물질적 어려움도 만만치 않았지만, 비물질적인 어려움이 훨씬 더 힘겨웠습니다. 키츠와 플로베르, 그리고 다른 천재적인 남성 작가들은 세간의 무관심을 견디기 힘들어했지만, 그녀에게는 무관심이 아니라 적의가 그랬습니다. 세상 사람들은 남자들에게 하듯 그녀에게 "원하면 글을 쓰세요, 난 신경 안 써요"라고 말하지 않았습니다. 그들은 웃음을 터뜨리며 말했습니다. "글을 쓴다고요? 왜 쓰려는 거죠?"

_버지니아 울프,
『자기만의 방』

2500년 동안의 철학사를 살펴보면, 여성은 사고의 대상으로 여겨졌을 뿐이며, 여성을 사고의 주체로 여기지는 않았습니다. 여성은 겉모습(보이는 것)이거나 상징이었지요. (…) 오늘날, 여성들은 정체성과 차이의 문제만이 아니라, 주체와 대상의 문제에 직면해 있습니다. 주체가 되는 것…… 이는 정치적으로 혹은 시민으로서 주체가 되기 위한 일일 뿐 아니라 사고의 주체가 되기 위한 지속적인 투쟁입니다.

_주느비에브 프레스,
『페미니즘이 만들어낸 것, 텍스트 및 인터뷰 모음』

여자들이 독서를 통해 사고와 상상력뿐 아니라 지식이 무한한 세계와 가정이라는 좁은 세계를 맞바꿀 수 있다고 믿는 순간부터 그들은 위험해진다. 여자들은 독서를 하면서, 사회가 그들에게 부여하지 않았던 지식과 경험을 독차지한다.

_**로르 아들레르· 슈테판 볼만**,
『책 읽는 여자는 위험하다』

여성의 재치는 문을 걸어 잠그면 창문으로 달아날 겁니다. 창문을 닫으면 열쇠 구멍으로 빠져나가고요. 그 구멍을 막으면 굴뚝 밖으로 연기와 함께 날아가버리죠.

_**윌리엄 셰익스피어**,
『뜻대로 하세요』

여성과 여성 시민의 권리 보장은

공공의 이익을 필요로 한다.

따라서 이러한 권리 보장은

그것을 위임받은 사람들의

특수한 이익을 위해서가 아니라

모두의 이익을 위해서 확립되어야 한다.

일러스트 세바스티앵 플롱

파트너의 마음을 누그러뜨리기 위해서 자신의 부족한 살림 능력을 키우려는 남자들이 얼마나 되겠는가? 이는 진정 타고난 재능이다. 남성들의 회피적인 태도는 그야말로 전형적인데 어떤 일을 꺼릴 때 아이들이 흔히 보이는 행동이다. 요즘 남성지들은 '어떻게 하는지 모른다'는 태도를 부추기기까지 한다. 이를테면 2000년 11월, 남성지 『막시말』 창간호에는 '집안일을 피하는 법'이 안내되어 있다. 그 방법이란 뭘까? 여기서는 모순된 태도를 취하라, 즉 청소를 하되 실제로는 청소를 하지 말라고 한다. 호의를 보이기 위해서 애쓰면서도, "포뮬러원에서 자동차 경주하듯 청소기를 돌린다"거나 "유리컵에 얼룩을 남기라"고 조언한다. 영감을 받은 기자는 이 유용한 조언을 따르면 "결코 직접 일할 필요 없이, 가사를 기꺼이 돕고, 사려 깊고, 가정적인 사람이라는 평판을 얻을 것"이라고 말한다.

이보다 놀라운 현상은, 남자들이 여성을 짓누르는 죄책감이라는 중요한 공범자를 즉각 알아차린다는 사실이다. 아주 어린 시절부터, 심지어 무의식중에, 인형, 냄비 세트, 다리미와 다리미판 등이 크리스마스에 등장해 소녀들을 주부로 만들었다. 해묵은 사회문화적 유산이 깊이 스민 가정교육은 여성에게 가정에서 유용한 기술을 익혀야 한다는 생각을 심어주기 위해 존재한다. 또한 여자아이들은 그들의 남자 형제들보다 집안일을 훨씬 자주 거든다. 여기에 미디어, 특히 광고가 앞장서서 한쪽 성별에 가사의 책임을 떠안기려 최후의 일격을 가한다. 먼지 밑에, 접시 사이에, 집안 중심에 자리잡은 확연한 차별은 그리 기분좋은 일이 아니다. 우리가 거의 함구하다시피 하는 가사노동은 그러나 남녀관계에 대해 매우 많은 것—아마도 모든 것—을 드러내며, 가사노동중에 여성의 할 줄 아는 요령과 남성의 피울 줄 아는 요령 사이의 간극이 재깍 폭로된다. 가사노동은 금남 구역을 대표한다. 가사노동은 대체로 돈벌이도, 남성의 영역도 아니다.

_클레망틴 오탱,
『또다른 자아, 페미니즘으로의 초대』

여성들은 언제나 가장 열정적인 사랑을 집안일로 표현하는 서글픈 재주가 있다. 그들은 먼지 떨기, 설거지하기, 청소기 돌리기로 자기네 사랑을 증명한다. 특히 가사 분담이라는 단어가 생기지도 않았던 시기에 프루스트가 소위 '무용한 예술'이라 표현한 일에 내 여가시간 대부분을 쏟는 일은 때때로 고역이었다. 하지만 하기 싫은 일들을 하나하나 사랑의 증거로 격상시켜 해치웠다. 훗날 조르주 상드로 알려진 여성이, 아마 우리 중에서 맨 먼저, 여성들이 이 경기의 패자라고 의심한 듯 보인다.

_브누아트 그루,
『탈주의 역사』

당신네 남자들에게 아내가 가장 저렴하게 살 수 있는 상품이라면, 다른 여인들은 노래와 약속, 봉사 그리고 오랜 기다림이 필요하지요. 그러나 본질적으로 당신들에겐 별 차이가 없습니다.

_조에 올덴부르,
『주춧돌』

채집을 하고, 집을 장식하고, 아이들을 공원에 데려가기에 적합한 남자들이 있고, 매머드를 창으로 찌르고, 소리지르고, 덫을 놓기에 알맞은 여자들이 있다.

_비르지니 데팡트,
『킹콩걸』

공권력 유지를 위하여

그리고 행정 비용의 조달을 위하여,

여성과 남성의 부담금은 동등하다.

여성은 모든 부역과 모든 노역에 동참한다.

따라서 여성은 지위, 직무, 직책, 공직,

생업의 분배에도 똑같이 참여해야 한다.

일러스트 쟈지

□ 그림 속의 글자 : 산타 할머니

이상적인 여성이란, 매혹적이면서도 매춘부가 아니고, 결혼을 잘하더라도 일을 그만두지 않으며, 일을 하되 지나치게 성공해서 자기 남편을 기죽이지 않고, 늘씬하되 음식 때문에 전전긍긍하지 않고, 성형수술로 얼굴을 망가뜨리지 않고도 영원히 젊음을 유지하고, 아이들 기저귀나 학교 숙제에만 빠진 어머니가 아니라 성숙한 어머니이면서, 전통적인 식모가 아니라 친절한 안주인이자 교양 있되 남자보다는 부족한 여성이다. 그러나 나는 사람들이 항상 우리 코앞에 내두르는 이러한 다복한 여성을, 다시 말해서 본인은 별거 아닌 일에도 무진 애를 먹음에도 우리 모두가 본받기 위해 애써야만 하는 이런 여성을 그 어디에서도 마주친 적이 없다. 나는 그런 여성이 존재하지 않는다고 확신한다.

_비르지니 데팡트,
『킹콩걸』

우리는 애초에 남자들이 우리에게 바라는 인위적인 피조물이나 관습적인 존재보다 남자들을 훨씬 더 닮았다. 그들의 암시를 통해서, 그들이 우리에게 강요하는 특정한 도덕을 통해서, 그들의 문학을 통해서, 그들의 요구 사항뿐 아니라 난폭함을 통해서, 지금도 우리 스스로 가두고 있는 저 괴물 같은 이상적인 여성상을 만든 것은 남자들이다. (…) 우리는 그들이 자기네에게 유리하게 만들어놓은 관습적인 여성상에 우리의 인간성을 감춰야만 했다.

_잔 루아조(일명 다니엘-르쉬외르),
〈라 프롱드〉, 1900년

아름다운 이미지 이상으로 실현 불가능한 모델들이 도처에 존재함으로써, 수많은 여성들이 자기혐오와 소모적이고 파괴적인 악순환에 빠져 에너지를 과도하게 쏟는다. 날씬함에 대한 집착 때문에 여성은 끊임없이 자기 비난과 어둡고 파괴적인 죄의식에 시달린다. 그들은 홀로 남겨질까봐 두려워서 마음대로 변형할 수 있는 활력 없고, 환멸스러운 물질처럼 느껴지는 몸을, 자아가 조금도 동일시하지 않는 외부 대상처럼 여겨지는 몸을 수술로 바꾸고 싶어한다. 여기에 화장품 산업과 미디어 그룹의 세계화가 더해져 순백의 모델만이 전 세계로 퍼져나가고 그로 인해 잘못된 지역적 위계가 다시금 활성화된다.

_모나 숄레,
『치명적인 아름다움: 여성 소외의 새로운 얼굴들』

여자는 태어나지 않고 만들어진다. 어떠한 생물학적, 심리적, 경제적 운명도 여성의 사회적 모습을 규정할 수 없다. 남성과 거세된 남성 사이에 여성이라는 중간 산물을 만든 것은 바로 문화 전체이다. 다른 사람을 매개로 해서만 개인은 '타자'가 될 수 있다. 만약 아이들이 제각각 존재한다면, 그들은 성적으로 차이가 있다는 사실을 자각하지 못할 것이다.

_시몬 드 보부아르,
『제2의 성』

여성 시민과 남성 시민은

직접 또는 그들의 대표자들을 통해

공공 부담금의 필요성을 확인할 권리가 있다.

그러기 위해서는 여성 시민이

재산에서뿐만 아니라 공공 행정에서

조세부과액과 과세표준, 세금 징수,

과세 기간을 결정하는 데

동등한 몫을 인정받아야만 한다.

일러스트 오렐리앵 프레달

의심과 공포는 여성들의 최악의 적이다. 의심은 그들의 발목에 족쇄를 채우고 공포는 그들의 마음을 엄습한다. 그들은 중상모략당하지 않을까 의심한다. 여성들은 의심의 칼로 자신을 조각조각 자르고, 공포로 창백해진다. 사람들은 이러한 창백함을 상당히 추앙한다. 사람들은 그 모습을 천 가지 이유로 설명하려 들고, 이에 한없이 매혹된다. 여성들이여, 달라붙어서 의존적으로 살아가는 덩굴식물이 아닌, 단단하게 뿌리내리는 아름드리나무처럼 위풍당당하게 바로 서기 위해서 공포의 고통에서 벗어나라! 여성은 홀로 성장하고 능력을 펼쳐서 온전히 숲을 일굴 수 있다.

_**타슬리마 나스린**,
『여성들이여, 스스로를 드러내라!』

여성의 독립과 여성의 해방이라는 기존의 개념이 가진 편협성, 사회적으로 자신과 동등하지 않은 남성을 사랑하는 것에 대한 두려움, 사랑이 여성의 자유와 독립을 빼앗을 것이라는 두려움, 사랑 혹은 모성의 기쁨이 여성의 직업활동을 방해할 것이라는 공포. 이 모든 우려가 자유로운 현대 여성을 강제로 순결한 처녀로 만듭니다. 그 여성의 삶은 그녀의 영혼을 건드리거나 지배하지 않은 채, 마음을 정화하는 크나큰 삶의 고통과 마음을 사로잡는 삶의 더없는 기쁨과 더불어 흘러갑니다.

_**에마 골드만**,
월간지 『마더 어스』 제1호에 실린 강연. 1906년 3월; 『여성 해방의 비극』에 재수록. 1906년

오늘날, 여자는 남자이면서 동시에 여자여야만 한다. 그러나 어느 누구도 남자이면서 여자가 될 수는 없다. 어째서 여자에게는 그러라고 요구하는가?

우리는 이러한 궁지에 빠진 여자들을 만났으나, 모두 감탄스러울 정도로 용기와 궁지에서 벗어나고자 하는 의지, 인내, 너그러움을 갖고 있었다. 스스로 질문하는 솔직한 여자들, 체념하지 않으려는 여자들. 오늘날 여성의 상황은 복종과 권력 관계가 아니라 여성들 개개인이 내면에 착용한 보이지 않는 코르셋에 의해서 규정된다. 이제 여성은 자신의 생존을 위해서, 매 순간 자기 자신이 되기 위해서, 그리고 보이지 않는 코르셋을 벗기 위해서 자기 자신 그리고 사회와 싸워야 한다.

페미니스트는 더이상 존재하지 않는다. 오늘날 여성은 남성과의 싸움의 고비를 넘겼다. 여자에게는 남자가 필요하다. 겉보기에 가장 강인해 보이는 여자들조차도 그러한 사실을 털어놓았다. 그들은 모든 것을 통제하는 듯 보이지만, 그들에게는 남자가 필요하다.

여성의 상황은 호전적인 행동이 아니라 혁명으로 변할 수 있다. 여성과 남성이 다 함께 이뤄내야 한다. 아니, 이번에는 우리의 브래지어를 불태우는 것으로 부족하다. 사회가 이 보이지 않는 코르셋을 벗는 데 동참해야 한다. 여성들을 해방시키기 위해서는 온 사회를 해방시켜야 하고, 남성들 역시 해방시켜야 한다.

_엘리에트 아베카시스·카롤린 봉그랑,
『보이지 않는 코르셋』

대다수 남성들과 함께 부담금을

지급하는 대다수 여성들은

모든 공직자에게 그들의 행정에 관한

해명을 요구할 권리가 있다.

일러스트 오드 마소

□ 그림 속의 글자 : 승인

수천 년 전부터 남자들은 정당하거나 부당한 대의를 앞세워 서로의 목을 베어왔다. 그러나 대의는 그들에게만 달려 있을 뿐이며, 죽음의 위협은 부상자들을 보살피고 세대를 재편하려는 대의에서 비롯되지 않는다.

_마르셀 티네르,
『전쟁 전야』

여성에 대하여 '연약한 성'이라고 부르는 행위는 명예훼손이다. 이는 남성이 여성을 부당하게 대하는 것과 다름없다. (⋯) 만약 비폭력이 인류의 법이라면, 미래는 여성에게 달려 있다.

_마하트마 간디,
『모두가 형제다』

나는 남성들이 우리 여성들의 맹종적인 의존상태를 편안하게 만들고자 선심 쓰듯 사용하는 이러한 예쁘고 여성스러운 표현들을 물리치고, 여성의 특징으로 요구되는 가련함이 깃든 고상한 마음씨, 예민한 감성과 상냥하고 유순한 태도를 경멸하면서, 고상함이 미덕보다 못하다는 사실 그리고 성별에 상관없이 인간으로서 개성을 가지는 일이 무엇보다 칭송할 만한 야심의 대상임을 보여주고 싶다. 그리고 이 간단한 기준에 따라 부차적인 목표들이 평가되어야 한다는 사실을 증명하고 싶다.

_메리 울스턴크래프트,
『여성의 권리 옹호』

남자의 미래는 여자다
여자는 그의 영혼의 빛깔이다
여자는 그의 웅성거림이자 그의 소음이다
여자 없이 그는 신성모독일 뿐이고
그는 과일 맺지 않는 씨앗일 뿐이며
그의 입은 거친 바람을 내뿜고
그의 삶은 참화에 휩쓸려
마침내 그의 손이 그를 파괴한다

나는 네게 말한다 남자는
여자를 위해 사랑을 위해 태어난다고
구시대의 모든 것이 변하리라
먼저 삶이 뒤이어 죽음이
그리고 모두를 나누게 되리라
흰 빵 피 흘리는 입맞춤들
우리는 보게 되리라 연인과 그들의 군림이
오렌지꽃처럼 눈 내리는 모습을

_**루이 아라공**,
『엘자의 광기』

권리 보장이 불확실하고,

권력 분립이 규정되지 않은

모든 사회는 헌법을 갖추지 못한 사회다.

헌법은 국민을 구성하는 다수의 개인들이

그 작성에 동참하지 않았다면 무효다.

일러스트 크네스

여성의 경우, 애초에 자주적 존재와 '타자성' 사이에서 갈등한다. 여성은 환심을 사기 위해 노력해야 하고, 스스로를 대상화해야 한다고 배운다. 그렇기에 여성은 자신의 자주성을 포기해야 한다. 사람들은 여성을 살아 있는 인형처럼 대하고, 그들의 자유를 인정해주지 않는다. 따라서 악순환이 발생한다. 이는 여성이 자신을 둘러싼 세상을 이해하고 파악하고 발견하기 위해 자유를 행사하려 하지 않을수록, 자기 내면의 가능성을 찾기 어렵고 주체로서 과감히 자기를 긍정하기 어려워지기 때문이다. 만약 여성이 자유를 만끽하게끔 격려된다면, 여성은 여느 남자아이와 똑같이 생기 넘치는 활력, 똑같은 호기심, 똑같은 진취적 기질, 똑같은 대담함을 내보일 것이다.

_**시몬 드 보부아르**,
『제2의 성』

여자의 행복이 남자를 뒷바라지하고 남자를 기쁘게 하는 데 있다고 생각하는 사람은 남자밖에 없다.

_마거릿 풀러,
『19세기의 여자』

스스로 꿈꿔왔던 모습을 빼닮은 여성이 진짜다.

_페드로 알모도바르

베일은 소년 소녀들이 목에 거는 십자가처럼 단순한 종교적 상징물이 아니다. 히잡이라는 베일은 머리에 쓰는 단순한 스카프가 아니다. 히잡으로 온몸이 가려져야 한다. 무엇보다도 베일은 남녀가 함께하는 공간을 없애고, 여성의 공간과 남성의 공간을 극단적이고 엄격하게 분리한다. 아니 보다 정확하게는, 여성의 공간을 규정하고 제한한다. 히잡이라는 베일은 여성의 몸에 새기는, 여성의 몸을 지배하는 가장 야만적인 이슬람 교리이다.

_샤도르트 자반,
『베일을 벗어라!』

가정의 하르피아이아이• 혹은 메살리나들••, 성녀 혹은 창녀, 헌신적인 어머니 혹은 자격 없는 어머니. 그렇다, 이것이 바로 성문화되고 통용되는 전형적인 여성상으로 우리는 이러한 역할에 머무른다. 그러나 우리가 각자의 관점에서 우리 삶의 모든 행동을 재고하고, 신의 뜻으로 오랫동안 감내해온 "고생하지 않고는 아기를 낳지 못하리라"라는 말씀에서부터, 우리의 '경애하는 아버지' 프로이트가 우리를 위해 생각해낸 겸손하고 수동적인 행복의 스키마에 이르기까지••• 모든 것을 문제삼으려 들면 이러한 태도는 옳지 못하고 용인될 수 없는 양 여겨진다. 남자들은 우리 여자들이 변덕스럽고, 교활하고, 질투심 많고, 소유욕 강하고, 타산적이고, 경솔한 모습을 보일 때 언제나 기뻐했다…… 그들은 이러한 감탄스러운 결점들을 은근히 부추겼는데 그러한 결점을 보며 안심할 수 있었기 때문이다. 그러나 여성들이 생각을 하고, 상궤를 벗어난다는 말인즉 균형을 깨는 일이자 용서받을 수 없는 죄악이다.

_브누아트 그루,
『그녀의 뜻이 이루어질지어다』

• 그리스신화에 등장하는 괴물로 여성의 얼굴에 독수리의 몸통과 날카로운 발톱, 날개를 지녔다고 전해진다. 탐욕스럽고 성미 고약한 여자를 일컫는다.
•• 로마 황제 클라우디우스의 아내로, 행실 나쁜 여자를 상징한다.
••• 정신분석의 창시자 지그문트 프로이트는 여성의 성격을, 애정을 갈구하고, 의식에 적게 지배되고, 신경증에 걸리기 쉽고, 근본적으로 수동적이라고 규정한 바 있다.

제 17 조

재산권은 함께하거나
헤어진 남녀 모두에게 속한다.
재산권은 남성과 여성에게
각각 침해할 수 없는 성스러운 권리다.
이 권리는 자연의 진정한 유산과도 같아
법적으로 확인되는 공적 필요성에 의해서
명백히 요구되지 않는다면,
사전에 정당한 보상을 조건으로
이루어지지 않는다면,
누구도 이를 박탈당할 수 없다.

일러스트 야스민 가토

언젠가 한 청년이 "남자들을 두려워하지 않는 여자는 남자들을 두렵게 만든다"라고 말했다. 어른들이 "여자가 주도권을 쥐는 것은 질색이다"라고 말하는 모습도 종종 봤다. 여자가 지나치게 대담하게 나서면 남자는 피한다. 남자는 정복하고 싶어한다. 그래서 여자는 먹잇감이 되었을 때에만 남자를 잡을 수 있다. 여자는 수동적이어야 하고 복종할 듯 보여야 한다. 만약 여자가 성공하면, 그녀는 이러한 간교한 마법을 자신이 걸었다고, 스스로 주체성을 되찾았다고 믿을지도 모른다. 그러나 여자는 남자에게 무시당해 쓸모없는 대상으로 굳어질 위험이 있다. 그렇기에 남자가 여자의 접근을 뿌리쳤을 때 여자는 마음속 깊이 모멸감을 느낀다. 남자 역시 기만당했다고 느끼면 화를 내곤 한다. 그러나 그건 일을 그르친 것에 지나지 않는다. 그뿐이다. 반면 여자는 흥분과 기대, 약속을 느끼며 살(肉)이 되기로 동의했던 것이다. 요컨대 자기를 잃어야만 승리할 수 있었다. 그래서 여자는 잃은 채 남아 있다. 그러한 패배를 감수하려면 완전히 맹목적이거나 특출하게 명석해야만 한다.

_시몬 드 보부아르,
『제2의 성』

여자들을 진심으로 사랑하는 남자라면 여성이 무기를 사용하는 모습에서 기쁨을 느끼는 만큼, 아무리 그 무기가 그에게 해가 될지라도, 여성이 자유로이 그녀가 가진 무기를 동원하도록 내버려둔다.

_마르셀 오클레르,
『사랑: 단상과 격언』

여자들은 수세기 동안 남자의 형상을 실물보다 두 배 더 크게 비추는 감미로운 마력을 가진 거울 노릇을 해왔습니다. 이 마력이 없었다면 세상은 여전히 늪과 정글이었을 겁니다. 온갖 전쟁의 영광들은 알려지지 않았을 테고 우리는 여전히 양의 뼛조각으로 사슴의 윤곽을 새기거나 부싯돌을 양가죽이나 미개한 취향을 만족시켜줄 단순한 장신구로 물물교환하고 있을 겁니다. 초인과 운명의 손도 결코 존재하지 않았을 겁니다. 제정러시아 황제와 신성로마제국 황제가 왕위에 오르는 일도 왕위를 박탈당하는 일도 결코 없었을 겁니다. 문명사회에서 그 용도가 뭐든 간에, 거울은 모든 난폭하고 영웅적인 행위에 꼭 필요합니다. 그 때문에 나폴레옹과 무솔리니는 여성의 열등함을 아주 강력히 강조합니다. 만일 여성들이 열등하지 않다면, 그들이 남성들을 더이상 크게 비추지 않을 테니까요. 이로써 왜 그렇게 자주 여성이 남성에게 없어서는 안 되는 존재라고 하는지가 일부 설명됩니다. 남성이 왜 그리 여성의 비판에 안절부절못하는지도 설명됩니다. 여성이 남성에게 이 책은 형편없다고 하거나 이 그림은 인상적이지 않다고 비평할 때 같은 비평이래도 남자에게 듣는 것보다 여자에게 들을 때 남성이 더욱 고통스러워하고 더욱 분노한다는 게 설명됩니다. 여자가 진실을 말하기 시작하면, 거울에 비친 형상은 움츠러들고 삶에 대한 적응력도 떨어지지요. 아침저녁으로 실제보다 두 배 더 큰 자기 모습을 보지 않는다면 남자가 어떻게 계속해서 판결을 내리고, 원주민들을 교화하고, 법률을 제정하고, 책을 쓰고, 옷을 차려입고, 연회에서 연설을 할 수 있겠어요?

_버지니아 울프,
『자기만의 방』

후 문

여성이여, 깨어나라. 이성의 경종이 전 세계에 울려퍼지고 있다. 그대의 권리들을 인지하라. 자연의 강력한 제국은 더이상 편견과 광신과 미신과 기만에 포위되어 있지 않다. 진리의 횃불이 어리석음과 침탈의 모든 먹구름을 걷어냈다. 노예였던 남성은 자신의 쇠사슬들을 끊기 위해서 제힘을 키우고, 그대의 힘마저 필요로 했다. 자유로워진 남성은 제 동료인 여성에게 부당해졌다. 오, 여성들이여! 여성들이여 그대들은 언제 맹목에서 벗어날 텐가? 그대들이 혁명에서 거둔 결실이 무엇이란 말인가? 멸시는 더욱 명백해졌고, 무시는 더욱 공공연해졌다. 부패한 오랜 세월 동안 그대들은 남성들의 나약함만을 지배해왔다. 그러나 그대들의 제국은 파괴됐다. 이제 그대들에게는 무엇이 남았는가? 남성의 부당함에 대한 확신이다. 자연의 현명한 법령에 근거한 그대의 유산을 주장해야 한다. 이 멋진 일에 무엇을 두려워하는가? 갈릴리의 마을 가나의 혼례에서 입법자 그리스도가 한 선량한 말인가? 이제는 시대에 뒤진 낡은 정치 관행에 오랫동안 매달려 있던 저 도덕의 교정자들인 프랑스 입법자들이 그대에게 이런 말을 거듭할까봐 겁이 나는가? "여성들이여, 그대들과 우리 남성들 사이에 공통된 것이 무엇인가?" 그렇다면 이에 "모든 것"이라고 대답해야 할 것이다. 저들이 자기네 나약함 때문에 원칙에 위배되는 이러한 일관성 없는 언행을 고집

한다면, 우월함에 대한 그 헛된 주장에 이성의 힘으로 용감하게 맞서라. 철학의 깃발 아래 집결하라. 그대들 특유의 힘을 모두 발휘하라. 그리하면 조만간 저 오만한 자들이 그대들을 비굴하게 경배하고 그대들의 발아래에서 굽실거리며, 그대들과 함께 신의 보물을 나누어 갖는 모습을 보게 될 것이다. 그대들을 가로막는 장벽들이 무엇이건 간에 그대들의 힘으로 넘어설 수 있다. 그대들은 그것을 원하기만 하면 된다. 이제 사회에서 그대들이 어떤 존재였는지를 보여주는 끔찍한 장면들을 살펴보자. 그리고 현재 공교육이 쟁점이 되고 있으니 우리네 현명한 입법자들이 여성 교육에 대해 합당하게 생각할지 알아보자.

여성들은 선보다 악을 더 행했다. 구속과 은폐가 그들의 몫이었다. 힘이 여성들에게서 강탈해간 것을 계략이 되돌려주었다. 여성들은 온갖 매력을 발휘했고, 가장 강직한 남성들조차 그 매력에 저항하지 못했다. 독이며 칼이며 모든 것들을 자기네 지배하에 두었다. 그들은 미덕을 지휘했던 것과 마찬가지로 죄악을 통솔했다. 프랑스 정부는 특히 수세기 동안 여성들이 운영한 밤의 행정부에 의존했다. 내각은 그들의 기밀 누설 덕분에 결코 비밀이 없었다. 대사, 군사령관, 장관, 대통령, 교황, 추기경 등 요컨대 남자의 어리석음이 두드러진 세속적이고 종교적인 모든 직책들이, 한때는 괄시당할 만했으나 존중받았고, 혁명 이후로는 존중받을 만하나 괄시당해온 이 여성들의 탐욕과 야심의 지배하에 있었다.

이와 같은 정반대의 상황에 무엇을 더 말할 수 있겠는가! 이 짧은 순간만을 이야기할 뿐이나, 그래도 이 순간을 먼 훗날 후대는 주목할 것이다. 구체제하에서는 모든 것이 타락했고, 모두가 유죄였다. 그러나 이러한 악덕의 본질 자체에서 상황이 나아졌음을 확인할 수 없는 것인가? 여성은 아름답거나 매력적이어야만 했다. 이 두 가지 특권을 모두 쥔 여성은 그 발

아래 온갖 행운이 따랐다. 이러한 특권들을 이용하지 않는 여성은 성격이 특이하거나, 부를 경시하는 유별난 철학을 가진 사람이었다. 그럴 경우 그 여성은 괴팍한 사람으로 취급당할 따름이었다. 가장 속된 여자가 부를 거머쥐고 존중받을 수 있었다. 여성을 사고파는 거래는 상류층에게 일종의 산업으로 용인되었으나, 이제 더이상 신용을 얻지 못할 것이다. 만약 상황이 변함없다면, 혁명은 실패한 것이고, 이 새로운 체제에서도 우리는 계속해서 부패할 것이다. 그럼에도 남자가 아프리카 연안의 어느 노예를 사듯 돈을 주고 산 여자에게 다른 운명을 개척할 길이 가로막혀 있다는 사실을 이성적으로 모를 리 있겠는가? 그 차이가 크다는 걸 우리는 안다. 이 노예는 자기 주인에게 명령한다. 그러나 주인이 노예에게 어떠한 보상도 없이 자유를 준다고 한들 이 노예가 자기 매력을 모두 잃는 나이가 되면, 이 불행한 여자는 어떻게 되겠는가? 그녀는 멸시의 노리개가 되고 자비의 문조차 그녀에게는 닫힌다. 사람들은 그녀가 가난하고 늙었다고들 말한다. 거기에 이렇게 이야기한다. 어찌하여 그녀는 재산을 모을 줄 몰랐단 말인가? 이보다 훨씬 애처로운 다른 사례들로 이성에 호소할 수 있다. 경험 없는 어린 여성이 사랑하는 남자의 꼬임에 넘어가서, 제 부모를 버리고 그를 따라간다. 몇 년 후 그 배은망덕한 남자는 그녀를 버릴 것이고, 여자가 남자와 함께 늙어갈수록 그의 배신은 더욱더 잔혹해질 것이다. 여자가 아이를 가진대도, 그는 마찬가지로 그녀를 버릴 것이다. 만일 남자가 부유하다면, 그는 자신의 숭고한 희생자들과 자기 재산을 나눌 필요가 없다고 생각할 것이다. 그가 어떤 약속 때문에 의무를 이행해야 한다면, 그는 법이 지원해주길 바라면서 그 의무를 저버릴 것이다. 만일 그가 결혼을 했다면, 다른 모든 약속들은 무효가 된다. 그렇다면 악덕을 뿌리 뽑기 위해서는 어떤 법이 만들어져야 하겠는가? 남녀 간의 재산 분배와 공공 행정을

일러스트 안리주 부탱

위한 법이 있어야 한다. 부유한 집안에서 태어난 여성이 재산을 동등하게 분배받아서 많은 재산을 받으리라는 예상은 어렵지 않게 할 수 있다. 그러나 가난한 집안에서 태어났으나 장점과 미덕을 갖춘 여성의 몫은 무엇이겠는가? 가난과 치욕뿐이다. 특별히 음악이나 미술 분야에서 재능이 탁월하지 않다면, 아무리 능력을 갖췄다 한들, 그녀는 어떠한 공직에도 받아들여지지 못한다. 지금 여기에서는 개괄적인 사항만 다루나 며칠 후 대중에게 새 판본으로 선보일 내 정치적 저서에서 주석을 더해 이 문제들에 대해서 좀더 자세히 다루려 한다.

관습에 대해서는 나의 논의로 되돌아가겠다. 결혼은 신뢰와 사랑의 무덤이다. 결혼한 여성은 남편에게 사생아를 안겨도 처벌받지 않을 수 있으나, 재산은 그 아이들의 몫이 되지 않는다. 미혼인 여성은 권리를 거의 갖지 못한다. 비인간적인 예법은 여성의 자식들에게 그들의 아버지의 성과 재산에 대한 권리를 인정해주지 않았고, 이와 관련된 법은 새로이 마련되지 않았다. 만일 여성이라는 나의 성을 명예롭고 정당하게 만들려 한다면 지금 내 입장에서는 모순처럼 간주될 터이고 불가능한 시도로 여겨질 테니 미래의 남성들에게 이 문제를 해결할 수 있는 영광을 남긴다. 그러나 그때까지 우리는 공교육을 통해서, 관습의 복원을 통해서 그리고 부부간 합의를 통해서 그 영광을 준비할 수 있다.

참 고 자 료

문헌

나오미 울프, 『무엇이 아름다움을 강요하는가The Beauty Myth: How Images of Beauty Are Used
Against Women』(1990), First, 1991.

나타샤 앙리, 『아둔한 남자들 혹은 음흉한 부권주의Les Mecs lourds ou le Paternalisme
lubrique』, Robert Laffont, 2003.

니콜라 드 콩도르세, 『공교육에 관한 다섯 편의 논고Cinq Mémoires sur l'instruction publique』
(1791), Flammarion, 1993.

레옹 리셰, 『자유로운 여자La Femme libre』, E. Dentu, 1877.

레옹 블룸, 『결혼에 대하여Du mariage』(1907), Albin Michel, 1962.

레이철 커스크, 『알링턴파크 여자들의 어느 완벽한 하루Arlington Park』(2006), Points,
2007.

로르 아들레르, 슈테판 볼만, 『책 읽는 여자는 위험하다Les femmes qui lisent sont
dangereuses』, Flammarion, 2006.

루도비코 아리오스토, 『광란의 오를란도Orlando Furioso』(1516), Gallimard, 2003.

루이 아라공, 『엘자의 광기Le Fou d'Elsa』(1963), Gallimard, 2002.

루이 앙투안 드 생쥐스트, 『프랑스 혁명과 헌법의 정수L'Esprit de la Révolution et de la
constitution de France』(1791), OEuvres complètes, Gallimard, 2004.

루이즈 미셸, 『루이즈 미셸이 쓴 루이즈 미셸의 회고록Mémoires de Louise Michel écrits par
elle-même』(1886), Hachette Livre BNF, 2012.

리처드 도킨스, 『만들어진 신The God Delusion』(2006), Robert Laffont, 2008.

마거릿 풀러, 『19세기의 여자Woman in the Nineteenth Century』(1843), Rue d'Ulm, 2011.

마들렌 펠르티에, 『여성의 성해방L'Émancipation sexuelle de la femme』(1911), Hachette Livre

BNF, 2016.

마르셀 오클레르, 『사랑: 단상과 격언L'Amour, notes et maximes』, Hachette, 1963.

마르셀 티네르, 『전쟁 전야La Veillée des armes』(1915), Éditions des femmes, 2015.

마리 드 구르네, 『남녀평등Égalité des hommes et des femmes』(1622), Arléa, 2008.

마하트마 간디, 『모두가 형제다All Men Are Brothers』(1942-1956), Gallimard, 1990.

메리 울스턴크래프트, 『여성의 권리 옹호A Vindication of the Rights of Woman』(1792), Payot, 2005.

모나 숄레, 『치명적인 아름다움: 여성 소외의 새로운 얼굴들Beauté fatale, Les nouveaux visages d'une aliénation féminine』, La Découverte, 2012.

몽테스키외, 『페르시아인의 편지Lettres persanes』(1721), Le Livre de poche, 2006.

미셸 옹프레, 『비신학 개론Traité d'athéologie』, Grasset, 2005.

미셸 페로, 『여성들 혹은 역사의 침묵Les Femmes ou les Silences de l'histoire』(1998), Flammarion, 2012.

버지니아 울프, 『자기만의 방A Room of One's Own』(1929), 10/18, 2001.

브누아트 그루, 『그녀의 뜻이 이루어질지어다Ainsi soit-elle』(1975), Le Livre de poche, 1977.

브누아트 그루, 『남성들의 페미니즘Le Féminisme au masculin』(1977), Le Livre de poche, 2011.

브누아트 그루, 『탈주의 역사Histoire d'une évasion』, Grasset, 1997.

비르지니 데팡트, 『킹콩걸King Kong Théorie』(2006), Le Livre de poche, 2007.

빅토르 위고, '레옹 리셰에게 보내는 편지Lettre a Leon Richer'(1872년 6월 8일), *Écrits politiques*, Le Livre de poche, 2001.

빅토르 위고, '루이즈 쥘리앵의 무덤에서, 생장 묘지에서의 추도사Sur la tombe de Louise Julien, discours au cimetière Saint-Jean'(저지섬, 1853년 7월 26일), *Actes et paroles. Pendant l'exil*(1875), Tredition, 2012.

빅토르 위고, 『목격한 것들choses vues』(1860), Le Livre de poche, 2013.

샤도르트 자반, 『베일을 벗어라!Bas les voiles!』, Gallimard, 2003.

샤를 푸리에, 『사랑에서의 자유를 향하여Vers la liberté en amour』(1817~1819), Gallimard, 1993.

스탕달, 『로마, 나폴리, 피렌체Rome, Naples et Florence』(1826), Gallimard, 1987.

시몬 드 보부아르, 『제2의 성Le Deuxième Sexe』(1949), Gallimard, 1986.

아니 르클레르, 『여성의 말Parole de femme』, Actes Sud, 1974.

아르튀르 랭보, '폴 드므니에게 보내는 편지lettre a Paul Demeny'(일명 '견자의 편지') (프랑스 샤르빌, 1871년 5월 15일), OEuvres complètes, Flammarion, 2016.

알렉산드라 콜론타이, 「매춘 문제Les problèmes de la prostitution」, 『사회주의 투쟁La Bataille socialiste』, 1909.

알베르 코엔, 『주군의 여인Belle du Seigneur』(1968), Gallimard, 1998.

앤절라 데이비스, 『감옥은 구시대적인가?La prison est-elle obsolète?』, Au Diable Vauvert, 2014.

야스미나 카드라, 『낮이 밤으로부터 진 빚Ce que le jour doit à la nuit』, Julliard, 2008.

엘리에트 아베카시스·카롤린 봉그랑, 『보이지 않는 코르셋Le Corset invisible』(2007), Le Livre de poche, 2008.

엘리자베트 바댕테르, 『갈등: 아내와 엄마Le Conflit, La femme et la mère』(2010), Le Livre de poche, 2011.

윌리엄 셰익스피어, 『뜻대로 하세요As you like it』(1599), Gallimard, 2014.

잔 루아조(필명 다니엘-르쥐외르), 『여성 혁명, 그 경제적 성과L'Evolution feminine, ses resultats economiques』, 1905년.

제밀라 벤하비브, 『서양을 공격하는 '알라의 전사들'Les Soldats d'Allah à l'assaut de l'Occident』, Montréal, 2011.

조르주 상드, '라므네 신부에게 보내는 편지Lettre à l'abbé de Lamennais'(프랑스 노앙, 1837년 2월 28일), Correspondance. Tome III : juillet 1835-avril 1837, Classiques Garnier, 2013.

조르주 상드, '마르시에게 보내는 여섯 번째 편지Sixième lettre à Marcie'(〈르 몽드〉, 1837년 3월 27일), Lettres à Marcie, 2014.

조애 올덴부르, 『주춧돌La Pierre angulaire』(1953), Gallimard, 1972.

존 스튜어트 밀, 『여성의 종속The Subjection of Women』(1869), Payot, 2016.

주느비에브 프레스, 『페미니즘이 만들어낸 것, 텍스트 및 인터뷰 모음La Fabrique du féminisme. Textes et entretiens』, Le Passager clandestin, 2012.

줄리아 크리스테바, 『천재적인 여성, 콜레트Colette. Un génie féminin』. Éditions de l'Aube, 2007.

크리스틴 바르, 『바지의 정치사Une histoire politique du pantalon』, Seuil, 2010.

클레망틴 오탱, 『또다른 자아, 페미니즘으로의 초대Alter égaux, Invitation au féminisme』, Robert Laffont, 2001.

프랑수아즈 에리티에, 『남자/여자 II: 위계의 와해Masculin/Féminin II. Dissoudre la hiérarchie』, Odile Jacob, 2008.

프랑수아즈 지루, 『내가 거짓을 말한다면Si je mens』, Stock, 1972.

프리드리히 엥겔스, 『가족, 사유재산, 국가의 기원The Origin of the Family, Private Property and the State』(1884), Tribord, 2012..

플로라 트리스탕, 『어느 파리아의 편력Pérégrinations d'une paria』(1833~1834), Hachette Livre BNF, 2016.

타슬리마 나스린, 『여성들이여, 스스로를 드러내라!Femmes, manifestez-vous!』(1989~1990), Éditions des femmes, 1994.

토니 모리슨, 『대담들Conversations』, University Press of Mississippi, 2008.

토니 모리슨, 『자비A Mercy』(2008), Christian Bourgois, 2009.

J. 코트니 설리반, 『입문Commencement』(2010), Le Livre de poche, 2013.

기사 및 연설

넬리 루셀, 친자관계 확인을 위한 집회 연설에서, 1910년 2월 9일.

루이즈 드 쇼몽, 「여성 공화국, 코티용 저널」 초판 중 '코티용들의 〈라 마르세예즈〉' 찬가(La Marseillaise des cotillons), 1848년 6월.

마르그리트 뒤랑, 여성의 투표에 관한 회의록에서, 연도 미상.

마리아 드레슴, 「여성들이 원하는 것Ce que veulent les femmes」, 프랑스 페미니스트 일간지 〈여성의 권리Ce que veulent les femmes〉 창간호, 1869년 4월 10일.

마리졸 투렌, '세계여성폭력추방의 날' 언론보도자료, 2015년 11월 25일.

뱅상 페이옹·나자 발로-벨카셈, 「교내 남녀평등의 진전을 위하여Pour plus d'égalité entre filles et garçons à l'école」, 〈르 몽드〉, 2012년 9월 25일.

샬럿 휘턴, 『캐나다 먼스Canada Month』, 1963년 6월.

시몬 베유, 낙태법 개정 사유에 대한 연설에서, 국회, 1974년 11월 26일.

알렉산드라 다비드넬, 「여성과 사회 문제Les femmes et la question sociale」, 『라 프롱드』, 1902년 5월 28일.

알제리-이란의 세속적 페미니스트 연합collectif Feministes laiques algeriennes et iraniennes, 우리 페미니스트 동지들에게 보내는 공개서한, 2016년.

에리카 종, 소피 란과의 대담에서, 1978년 7~8월.

에마 골드만, 월간지 『마더 어스Mother Earth』 제1호에 실린 강연, 1906년 3월.

에멀린 팽크허스트, 「유엔 인간개발보고서」, 유엔개발계획, 2013년.

위베르틴 오클레르, 제3차 사회주의노동자회의 연설, 프랑스 마르세유, 1879년 10월 22일.

이베트 루디, 「견제되는 파리테La parité domestiquée」, 〈르 몽드〉, 2004년 9월 5일.

잔 루아조(일명 다니엘-르쥐외르), 〈라 프롱드〉, 1900년.

주디스 버틀러, 프랑스 주간지 『르 누벨 옵세르바퇴르Le Nouvel Observateur』와의 인터뷰에서, 2013년.

카롤린 레미(필명 세브린), 「르 프로그레 드 벨아베스Le Progres de Bel-Abbes」지에 기자 레옹 오프랑이 인용, 1910년 5월 25일.

힐러리 클린턴, 국립건축박물관 연설, 미국 워싱턴 D.C., 2008년 6월 7일.

힐러리 클린턴, 유엔 제4차 세계여성회의 총회 연설, 중국 베이징, 1995년 9월 5일.

일 러 스 트 작 가 소 개

「유엔 여성 차별 철폐 선언」

제1조

아멜리 팔리에르Amélie falière

파리의 고등예술·그래픽산업학교인 에콜 에스티엔에서 비주얼 커뮤니케이션을 공부한 뒤 장래희망이었던 일러스트레이터가 되기로 결심한다. 1950년대 일러스트레이터들과 UPA(60~70년대 유행하던 미국 만화영화) 스타일에 영감을 많이 받았으며, 단선적이고 세련되면서도 특히 선명한 원색의 그래픽아트를 추구한다.

ameliefaliere.ultra-book.com

제2조

세바스티앵 무랭Sébastien Mourrain

1976년 프랑스 오베르빌리에 출신. 2000년 리옹의 에콜 에밀 콜을 졸업하고, 일러스트레이션을 시작했다. 악트 쉬드 주니어, 레 푸르미 루주, 쇠유 죄네스 등 수많은 출판사 및 잡지사와 작업하고, 도서관에 그림을 대여해주는 '이마지에 바가봉'을 통해 자신의 작품들을 전시했다. 현재 리옹에 거주중이며, 아틀리에 '르 보칼'에 소속되어 있다.

sebastienmourrain.tumblr.com

제3조

셀린 고비네Céline Gobinet

어린 시절, 그림 그리기와 글짓기로 따분함을 달랬다. 학창 시절 내내 그림을 배우고 1995년 파리의 고블랭 영상학교에 입학하여, 시리즈물과 장편 애니메이션의 스토리를 구성하고 그리기 위해 스토리보드를 전공으로 선택했다.

cgobinet.blogspot.fr

제4조

에릭 고슬레(일명 미스터 에그)Éric Gosselet

애니메이션 감독. 제작사 고몽 애니메이션과 마라통 미디어에서 일하면서, 일러스트레이터로 잡지사 밀란 프레스, 출판사 아킬레오스, 방 에디시오네스 등과 작업했다.

mister-egg.blogspot.fr

제5조

나탈리 라공데Nathalie Ragondet

젊은 일러스트레이터로 리옹의 에콜 에밀 콜을 졸업했다. 수채화와 구아슈를 접목한 작업을 선호한다. 프랑스 남동부 드롬주에 거주중이다.

www.tumblr.com/tagged/nathalie-ragondet

제6조

폴 에슈구아앵Paul Echegoyen

이과 계열 바칼로레아(대학입학자격시험)를 통과하고 타르브의 미술 아카데미를 거쳐 2003년부터 2008년까지 파리의 페닝겐 고등그래픽예술학교에서 수학했다. 몇 해 동안 프리랜서 그래픽 디자이너, 스토리보더로 활동했으며, 2011년 10월에 쇠유 죄네스 출판사에서 첫 청소년 만화앨범을 출간한 후, 청소년 만화앨범 및 (솔레유 출판사의 '슬립워커' 컬렉션) 만화, 잡지 (특히 예술잡지 『다다』의 미야자키 하야오 특집호 197호) 등 여러 프로젝트 작업에 참여했다. 정기적으로 다니엘 마게헨(파리), 뉴클리우스(로스앤젤레스) 등의 갤러리에서 자신의 작품을 전시한다. 생태학, 어린 시절의 향수, 몽환적인 상상 등의 주제를 좋아한다. 수채화, 구아슈, 흑연, 색연필 등의 재료로 다양하게 책의 삽화를 그린다.

paulechegoyen.tumblr.com

제7조

다프네 옹 Daphné Hong

파리 태생의 어린이책 일러스트레이터. 맥 거프 애니메이션 스튜디오에서 근무중이다. 그림 외에 클래식 댄스와 여행을 좋아해 여기서 영감을 얻는다. 가장 큰 단점은 성급함이고 가장 큰 장점은 호기심이다.

daphne-h.blogspot.fr

제8조

카를로스 펠리페 레온 Carlos Felipe León

1981년 콜롬비아 보고타 출신. 산업기사 공부를 하고 프랑스에서 예술을 계속 공부하기로 결심한다. 2007년에 컴퓨터 그래픽 및 애니메이션 교육기관인 쉬팽포콤을 졸업한 뒤 시각개발, 배색, 조명, 예술감독 분야에서 전문적으로 애니메이션 작업을 했다.

유럽에서 프레임스토어, 일루미네이션 엔터테인먼트, 네오미스 애니메이션, 비보 필름 등 무수한 애니메이션 제작사와 협업하였으며, 현재 샌프란시스코에 정착하여 드림웍스 애니메이션과 작업하고 있다. 또한 넥서스, 오큘러스 스토리 스튜디오 등에서 일러스트레이터로 활동하면서 개인 유화 작업을 발전시켜나가고 있다.

carlos-leon.com
facebook.com/carlosleon.artist

제9조

상드린 한 진 광 Sandrine Han Jin Kuang

고블랭 영상학교를 졸업한 젊은 아티스트로, 라이카, 오닉스 필름, 프리마 리네아, 마라통 애니메이션 스튜디오 등 여러 애니메이션 제작사 및 청소년 잡지사 등과 다수의 작업을 했다.

sumi-pimpampoum.blogspot.fr

제10조

스테판 카르도스Stéphane Kardos

1971년 프랑스의 랑 출신. 루베의 고등응용예술·섬유학교에서 애니메이션을 배우고, 스트라스부르의 아르 데코라티프에서 일러스트레이션을 배웠다. 1997년에 파리에서, 2001년에는 런던에서 디즈니와 작업을 시작해 2007년에 로스앤젤레스의 디즈니 아티스트 팀에 합류하여 현재 예술감독으로 일하고 있다. 스테판은 픽사, 루카스 필름, 디즈니 피처 애니메이션 등과 여러 프로젝트 작업을 했고, 2016년에 첫 어린이책『주토피아』(디즈니 프레스)를 출간했다. 매력적인 스웨덴인 아내와 마그누스, 닐이라는 두 아들과 함께 로스앤젤레스에 거주중이다.

stefsketches.blogspot.fr

제11조

크리스토프 로트레트Christophe Lautrette

툴루즈의 응용예술학교와 파리 고블랭 영상학교에서 수학했다. 디즈니 프랑스 및 비보 필름과 작업했으며, 이십 년 전부터 로스앤젤레스에서 드림웍스 애니메이션에 소속되어 활동중이다. 〈이집트 왕자〉〈스피릿〉〈엘도라도〉〈신밧드—7대양의 전설〉〈샤크〉〈마다가스카〉〈가디언즈〉〈쿵푸팬더〉 등 여러 애니메이션 제작에 참여했다. 〈꿀벌 대소동〉에서 예술감독을, 〈크루즈 패밀리〉와 현재 제작중인 〈크루즈 패밀리 2〉에서 미술 총감독을 맡았다. 그는 다양한 분야의 아티스트 집단 '문샤인'의 공동 작품을 추진중이다.

lautrette.blogspot.fr

올랭프 드 구주의 「여성과 여성 시민의 권리 선언」

전문

제랄드 게를레Gérald Guerlais

1974년 낭트 출신으로 파리 국립응용예술학교를 졸업했다. 바야르, 프리스마, 밀란 등의 잡지사와 작업했고, 플라마리옹 출판사 '페르 카스토르' 컬렉션의 '작은 몬스터들' 시리즈를 비롯하여, 플뢰뤼스, 고티에 랑그로, 되 코크 도르, 펭귄북스 출판사 등의 청소년 만화앨범 일러스트를 그렸다. 프랑스(쿼튀리콘, 고몽 애니메이션, 실랍) 및 미국(소니) 애니메이션 제작사들의 애니메이션 배경 작업도 진행했다. 그는 문화 교류를 즐겨 예술가들의 국제자선단체 '스케치트래블'을 창설하였으며, 예술잡지 『시선』에 매달 칼럼을 쓰고 있다. 그의 미국 에이전시는 섀넌 키즈이다.

www.geraldguerlais.com

제1조

카미유 앙드레Camille André

1990년 한국 출신. 인문 계열 바칼로레아를 취득하고, 루베의 고등응용예술·섬유학교와 파리 고블랭 영상학교에서 애니메이션을 공부했다. 미국 애니메이션 제작사(소니 픽처스 애니메이션, 블루 스카이 스튜디오)에서 경력을 쌓기 시작했고 디즈니 프랑스와도 작업했다. 파리로 귀국하여 캐릭터 디자이너로 오닉스 필름 스튜디오와 협업하면서 동시에 만화 작업을 준비중이다.

cephalon-art.blogspot.fr
facebook.com/camille.andre.art

제2조

리오넬 리슈랑Lionel Richerand

1970년대 언저리에 프랑스의 라 트롱슈에서 미숙아로 태어난 그에게 그림은 표현 수단이나 다름없었다. 파리의 페닝겐 고등그래픽예술학교와 아르 데코라티프에서 수학했다. 2001년에 26분짜리 인형 애니메이션 〈늑대의 두려움〉과 2003년 공동 연출작 '레 그라보노트' 시리즈를 작업하고, 크리스티앙 볼크망 감독의 장편영화 〈르네상스〉에 참여했다. 바야르 출판사, 밀란 출판사 등의 일러스트레이터로도 활동했으며, 그라세 죄네스 출판사에서 작가 베르트랑 상티니와 만화앨범 『기이한 만찬』을 출간했다. 그가 그린 만화로는 아킬레오스 출판사의 『황당무계한 짧은 동화』, 라 주아 드 리르 출판사의 『새로운 해적들!』, 솔레유 출판사의 『숲에서』('변신' 컬렉션) 등이 있다. 그는 솔레유 출판사에서 '변신' 컬렉션으로 출간될 두 권짜리 만화앨범 『루이스의 정신』(1권 2017년 출간)과 다른 만화 작업들을 베르트랑 상티니와 함께하고 있다.

facebook.com/LionelRicherand

제3조
뤽 데마르슐리에 Luc Desmarchelier

1965년 리옹 출신. 리옹과 마르티니크섬에서 광고업계에 종사한 후, 1990년 파리에서, 뒤이어 런던, 로스앤젤레스 등지에서 애니메이션 배경 디자이너로 활동했다. 로스앤젤레스에서는 드림웍스 애니메이션, 소니 픽처스 애니메이션에서 미술감독으로 일했다. 〈이집트 왕자〉〈엘도라도〉〈슈렉〉〈스피릿〉〈유령 신부〉〈부그와 엘리엇〉〈몬스터 호텔〉 등 장편 애니메이션뿐 아니라 〈찰리와 초콜릿 공장〉〈투모로우랜드〉 등 영화 작업에도 참여했다. 현재 프리랜서로 일하면서 캘리포니아의 라구나 칼리지에서 일러스트와 시각개발을 가르치고 있다. 그의 모든 작업물들은 그의 블로그에서 확인할 수 있으며, 플리커 사이트에서 그의 아날로그 및 회화적인 사진에 대한 관심을 살필 수 있다.

ldesmarchelier.com
ushuaiasblog.blogspot.com
harmattansblog.blogspot.com
flickr.com/photos/harmattangallery

제4조

위그 마오아스Hugues Mahoas

영국에 거주중인 만화가 겸 화가. 애니메이션 업계에서 상당히 일찍부터 주목받았고 몇 해 전부터 TV 애니메이션 시리즈 '우주의 이상한 사람들'과 '해적 가족'에 참여하고 있다. 쉰두 편으로 구성된 TV 애니메이션 시리즈 '암소와 고양이 그리고 대양'으로 유명하며 청소년 책을 쓰기도 한다.

mahoas.blogspot.fr

제5조

이르간 라몽Yrgane Ramon

유럽의 출판물 및 잡지, 만화, 광고 분야에서 활약중이다. 리옹의 에콜 에밀 콜에 출강하면서 문신 예술가로도 활동한다.

yrgane.com

제6조

루이 토마Louis Thomas

애니메이션 연출가이자 일러스트레이터. 파리 고블랭 영상학교를 다니고, 2012년 말 로스앤젤레스의 칼아츠를 졸업했다. 한 해 동안 교환 학생으로 지내면서 캘리포니아 애니메이션 제작사들에서 일한 후, 보다 자유롭게 작업을 이어가고자 프랑스에 정착하기로 결심한다.

2013년부터 파리의 판테온과 뤽상부르공원 사이에 위치한 작업실에서 반려묘 피포와 함께 일하며 살아간다. 그는 다양한 연출을 구상하기 위해 고블랭 출신의 애니메이션 연출가, 작곡가, 사운드 디자이너인 여러 지인들과 어울린다. 최근에는 픽사, 유니버설, 카툰 네트워크, 라이카, 소니 픽처스, 템스 앤드 허드슨, 하바스, 인터스포츠, 레콜 데 루아지르, 바야르, 펭귄, 랜덤 하우스 등 다양한 업계와 작업하고 있다.

louist.blogspot.fr

제7조

마엘 구르믈랑Maël Gourmelen

애니메이션 연출가, 디자이너, 일러스트레이터. 투르의 브라사르에서 디자인과 일러스트를 배우고, 2008년 파리 고블랭 영상학교에서 학위를 취득했다. 파리(유니버설)와 로스앤젤레스에서 번갈아 일했다. 그는 이 년간 로스앤젤레스에 머물며 디즈니, 드림웍스 애니메이션 등에서 캐릭터에 생명을 불어넣는 작업을 했다.

2013년 말, 아내와 함께 파리에 정착해 독립적으로 예술과 열정을 실현하면서 라이카 스튜디오, 아드만 스튜디오, 파라마운트 애니메이션 등과도 함께 일하고 있다. 일러스트와 애니메이션 연출 분야로 점차 작업 범위를 넓혀가고 있다. 마엘의 자연과 동물에 대한 애정은 남다르다.

grudoaaameriques.blogspot.fr

제8조

말리 시리Maly Siri

1985년 프랑스 출신. 몇 해 전부터 캐나다에 거주하고 있다. 핀업걸을 전문적으로 그리는데 페미니스트적으로 담아내면서 부드럽게 표현한다. 그녀의 작품 속 여성들은 대상화된 여성들과 거리가 멀고 오히려 자신과 자기 매력에 대한 확신으로 가득하다. 최근 솔레유 출판사에서 『말리 시리의 핀업 아트』라는 1930~1960년대 글래머 스타일의 일러스트 모음집을 출간했는데 여기 수록된 때로는 유머러스하고 신선하면서도 때로는 매혹적이고 어두운 일러스트들은 여성의 양면적인 모습(좋은 여자들 vs 나쁜 여자들)을 보여준다.

제9조

마일리스 발라드Maïlys Vallade

1985년 10월 8일 파리 교외 샤트네말라브리 출신. 아주 이른 시기부터 그래픽아트와 입체미술을 지향했다. 고등학교에서 응용예술을 배우고, 고등그래픽예술학교, 고블랭 영상학교를 졸업했다. 고블랭에서 단편 애니메이션 〈은둔자〉를 단독으로 작업했고, 공동 작업한 단편 애니메이션 〈가루다〉와 〈등대지기〉는 2010년 안시 국제애니메이션 페스티벌에서 졸업작품상 등을 수상했다.

애니메이션 분야에서 특히 활약하며, 〈어린왕자〉〈사샤의 북극 대모험〉〈한 남자가 죽다〉〈카불의 제비〉의 장편영화 스토리보더로 일하고, 〈어네스트와 셀레스틴〉〈사샤의 북극 대모험〉〈해질녘〉〈사일렉스 앤 더 시티〉의 애니메이션 연출가로 활동했으며, 〈카불의 제비〉〈아다마, 바람의 세상〉에서는 시각개발 및 배경 작업을 맡았다. 일러스트나 입체로 된 단편 애니메이션 작업 또한 진행하고 있다. 그래피티 분야에서도 활동하며, 여러 도구 및 재료를 활용하여 입체 작품을 만들면서, 자선을 비롯한 다양한 일러스트 공동 프로젝트에 참여중이다.

mailysvallade.blogspot.fr

제10조

와심 부탈렙 J. <small>Wassim Boutaleb J.</small>

1985년 모로코 태생으로 파리에서 자랐다. 2008년 6월 고블랭 영상학교에서 애니메이션 연출 학위를 취득하고, 자신의 전공 분야에서 활동하고 있다. 자신의 이야기를 들려주고 싶어 일러스트와 애니메이션 분야에 동시에 빠졌다. 그는 어린이 잡지 『쵸! 매거진』 『아스트라피』와 작업했으며, 『나는 읽기가 좋아요』에 실린 소설의 일러스트를 그렸다. 〈라 팀〉은 그의 첫 애니메이션이다.

제11조

마르크 리자노 <small>Marc Lizano</small>

1970년 프랑스 반 출신. 잡지, 청소년 문학, 애니메이션 등을 모두 즐겁게 작업했다. 만화앨범 『서른 개 무덤이 있는 섬』과 『보이지 않는 아이』(6개국어로 번역, 23개 상 수상)가 출간되고 『작은 가족』이 전집으로 재출간됐다. 2015년에 엘로디 샹타와 작업한 『마르슬랭 행성』, 베르트랑 갈릭과 함께 각색한 피에르-자케즈 엘리아스의 『호스 오브 프라이드』, Ulf K.와 함께 E.O. 플라우엔의 『아버지와 아들』을 모방한 『아버지와 아들의 새로운 이야기』, 그리고 뒤이어 시나리오 작가 브누아 브루야르와 함께

한 세 권짜리 『모로 하숙집』과 조엘 르가르 등과 공동 작업한 『아르센 뤼팽의 모험』 (2018)이 출간됐다. 때때로 '자르댕 데 플랑트' 식물원에 딸린 동물원에 가서 오후 다섯시까지 캥거루를 그린다.

marc-lizano.weebly.com

카롤 트레보르_{Carole Trébor}

카롤 트레보르Carole Trébor

프랑스 작가이자 어린이 및 청소년문학 저자. 역사학자와 다큐멘터리 감독으로도 활동했다. 네 권짜리 '니나 볼코비치' 시리즈(걸프 스트림 출판사)가 크게 성공해 2015년 문학 시즌에 (나탕-시로스 출판사와) 문학 행사에 참여하였고, 『빛, 스베틀라나의 여행』(라조 출판사, 2016)을 집필하였다.

minisites-charte.fr/sites/carole-trebor
fr.wikipedia.org/wiki/Carole_Trbor

제12조

세바스티앵 플롱Sébastien Pelon

파리 출신의 그래픽 디자이너이자 일러스트레이터. 에콜 뒤페레에서 그래픽 디자인과 의상 및 환경 디자인을 전공했다. 플라마리옹 출판사의 '페르 카스토르' 컬렉션 작업실에서 일했고, 현재 플라마리옹, 뤼 드 세브르, 나탕, 마냐르, 밀란, 오주, 라조, 갈리마르 출판사 등과 프리랜서로 협업하고 있다. 『마트료시카』『베파나 할머니』『마마니』『로빈 후드』『바다로 간 신밧드』『인디언 소년 니투』『호수의 갈색머리』 등 수많은 만화앨범, 고전동화 혹은 시리즈물 등의 일러스트를 그렸다.

sebastienpelon.com

제13조

쟈지Jazzi

스트라스부르의 아르 데코라티프에서 공부하고, 클로드 라푸앵트 아틀리에에서 일러스트를 전공했다. 이 년 동안 비방디 유니버설의 교육용 소프트웨어를 위한 배경 개발 작업을 한 후, 일러스트레이터로 잡지사, 청소년 출판사와 일했다. 아셰트, 아티에,

나탕, 플뢰뤼스 프레스, 바야르 등 다양한 출판사에서 일정하게 책을 출간하고 있다. 2009년부터 파리의 애니메이션 및 일러스트 교육기관 CESAN에서 일러스트를 가르치며 그림에 대한 열정을 나눈다.

jazzillus.canalblog.com
jazzi.ultra-book.com

제14조

오렐리앙 프레달Aurélien Prédal

1984년 프랑스 쉬렌 출신. 파리의 고블랭 영상학교에서 전문 교육을 받았다. 2006년 안시 페스티벌에 상영된 대학생 3D 단편 애니메이션 〈버닝 사파리〉를 공동으로 연출했다. 오닉스 필름, 드림웍스, 라이카, 니켈로디언, 소니 애니메이션, 아드만 스튜디오 등과 정기적으로 프리랜서로 작업하고 있다.

aurelien-predal.blogspot.fr

제15조

오드 마소Aude Massot

1983년 프랑스의 레 릴라 출신. 2006년 브뤼셀의 생뤽 고등예술학교에서 만화 관련 학위를 받고, 애니메이션 스토리보더로 경력을 쌓았다. 2009년 레 장팡 루주 출판사에서 파비앵 베르트랑과 함께 첫 만화앨범 『석쇠에 구운 고기의 연대기』를 출간하고 뒤이어 두 권의 책을 출간했다.

2011년 몬트리올에서 지내는 동안 시나리오 작가 에두아르 부레-길베르, 폴린 바르댕을 만나 일러스트레이터로 『퀘백 랜드』(사바칸 출판사, 2014)에 참여했다. 종이책 일러스트 작업 이전에, 2013년 5월 디지털 버전으로 일러스트를 그려 온라인상에서 유명해졌다.

www.odemasso.com

제16조

크네스Kness

학업에 열정적으로 임했으나 그리 실용적이지 않아서, 조랑말을 그리는 일을 자신의 소명으로 삼는다. 그렇게 일러스트레이터가 되었지만, 거기서 끝나지 않는다! 그녀는 요리사이자 어린 웰시 코기와 귀여운 아기의 보호자이며 친환경 작물을 재배하는 생산자이고 어느 정도 마술사일 뿐 아니라 이 모든 능력을 결합해 프로젝트 매니저라는 보다 진지한 일을 하고 있다(그러기 위해서는 안경을 쓰고 약간 눈살에 주름을 잡아야 한다).

kness.net

제17조

야스민 가토Yasmine Gateau

프랑스 스트라스부르의 예술학교 HEAR에서 무대미술을 전공했으며, 극단 및 무용단들과 협업했다. 2007년 청소년 문학책에 일러스트를 그리기 시작해 현재 잡지, 출판, 광고 작업 등을 하고 있다. 그녀는 〈르 몽드〉『XXI』『버라이어티』 등 프랑스 국내외 잡지에 정기적으로 일러스트를 싣고 있다.

yasminegateau.com

후문

안리주 부탱Anne-Lise Boutin

1995년 파리 출신으로 파리에서 활동한다. 파리의 에콜 뒤페레에서 섬유 기술 및 날염을 전공하고, 아르 데코라티프에서 수학하면서 '사회면 기사'의 이미지화 작업을 발전시켰다. 현재 수많은 잡지와 작업하면서 책 표지도 그리고 있다. 멕시코의 '칼라베라'(해골 모양 장식)와 불가사의하고 기묘한 것들에서 영감을 얻어 오일 파스텔과 페이퍼 컷 일러스트 작업을 진행한다.

anneliseboutin.blogspot.fr

옮긴이 김두리

출판사에서 해외문학 편집자로 일했다. 한국외국어대학교 통번역대학원 한불과를 졸업하고,
고려대학교 대학원 불어불문학과 박사과정을 수료했다. 현재 번역과 베케트를 연구중이다.
옮긴 책으로는 『낙서가 예술이 되는 50가지 상상』 등이 있다.

여성
권리
선언

초판 인쇄 2019년 3월 13일
초판 발행 2019년 3월 20일

그린이 제랄드 게를레 외 | **옮긴이** 김두리 | **펴낸이** 염현숙
책임편집 임혜지 | **편집** 황은주 | **모니터링** 이희연
디자인 이현정 | **마케팅** 정민호 이숙재 양서연 안남영
홍보 김희숙 김상만 이천희 | **저작권** 한문숙 김지영
제작 강신은 김동욱 임현식 | **제작처** 한영문화사

펴낸곳 (주)문학동네
출판등록 1993년 10월 22일 제406-2003-000045호
주소 10881 경기도 파주시 회동길 210
전자우편 editor@munhak.com | **대표전화** 031)955-8888 | **팩스** 031)955-8855
문의전화 031)955-3578(마케팅) 031)955-2672(편집)
문학동네 카페 http://cafe.naver.com/mhdn | **트위터** @munhakdongne
북클럽 문학동네 http://bookclubmunhak.com

ISBN 978-89-546-5549-1 03330

www.munhak.com